ANWBEXTRA

Waddeneilanden

**Susanne Völler
Jaap van der Wal**

De 15 hoogtepunten in een oogopslag

Welkom

Welkom	6
Ter oriëntatie	8
Kennismaking, de Waddeneilanden in cijfers	10
Geschiedenis, heden en toekomst	14
Overnachten	16
Eten en drinken	18
Praktische informatie	20

Onderweg op de Waddeneilanden

Texel — 32
Den Hoorn 32, De Koog 35,
Den Burg 40, De Waal 47,
Oudeschild 52, Oosterend 53,
De Cocksdorp en Eierland 60

Vlieland — 66
Oost-Vlieland 66

Terschelling — 77
West-Terschelling 78,
Midsland 87, Formerum 88,
Hoorn 91, Oosterend 92

Ameland — 93
Hollum 93, Ballum 98,
Nes 100, Buren 102

Schiermonnikoog — 107
Schiermonnikoog-Dorp 108

De 15 hoogtepunten

1. **Met dank aan de zeehonden – zestig jaar Ecomare** — 37
   Ook Texel: vogelopvang, aquaria en een duinpark.
2. **Eilandcharme – Den Burg, hoofdstad van Texel** — 42
   Eilandstad met Zuid-Europese flair.
3. **Denkend aan vervlogen tijden – wandeling over het Oude Land** — 48
   Het beschermde landschap van de Hoge Berg.

4	**Vaartochtje met een kotter – op de Waddenzee**	55
	Onderweg de zonnende zeehonden zien en krabben vangen.	
5	**Kennismaking met het mooiste dorp van Texel – Oosterend**	58
	Wandeling door een bewoond openluchtmuseum.	
6	**Kwelders, duinen en bos – het westen van Texel**	63
	Fietstocht door een afwisselende kuststreek.	
7	**Vierhonderd jaar eilandgeschiedenis – Nicolaaskerk en Armhuis**	68
	Twee meesterstukken van waddenarchitectuur.	
8	**Als u het lef hebt – door de 'Sahara van het noorden'**	74
	Met de vrachtwagen door de woestenij, met de boot naar Texel.	
9	**Gordel van kapiteinshuizen –West-Terschelling**	79
	Rondwandeling door een van de mooiste dorpjes van het eiland.	
10	**Van zandplaat naar zandplaat – Terschelling van west naar oost**	84
	Fietsend door een ketting van natuurgebieden.	
11	**De zee geeft en neemt – Wrakkenmuseum De Boerderij**	89
	Opmerkelijk: een strandjutters- en duikersmuseum.	
12	**Amelander successtory – Molen De Verwachting**	95
	De molen bezoeken en: mmm, heerlijke mosterd.	
13	**Kraamkamer voor wadvogels – Amelands onbewoonde oosten**	104
	Fietstocht door het ongerepte landschap van Het Oerd en De Hôn.	
14	**Op de tekentafel ontstaan – Schiermonnikoog-Dorp**	109
	Op excursie naar een juweel van de Waddeneilanden.	
15	**Voor driekwart beschermd – Nationaal Park Schiermonnikoog**	113
	Op de fiets de duinen op en af, over het afwisselende eiland.	

De Waddeneilanden in beeld	116
Register	120
Colofon	126

▶ ■ ■ ■ ■ ■ ■ Deze symbolen in de tekst verwijzen naar een plattegrond
❶ Dit symbool in de tekst verwijst naar een van de 15 hoogtepunten

Welkom

Voor velen is de vuurtoren van Ameland de mooiste van de Waddeneilanden – en zo ook voor ons! Vrolijk rood-wit gestreept roept hij direct de vakantiestemming op. Herinneringen aan de kindertijd komen terug: op ontelbare tekeningen hebben wij hem toen al vereeuwigd. En het mooiste is: wie de 236 treden van de toren bedwingt, wordt beloond met een prachtig uitzicht over het westen van Ameland, de Waddenzee, de Noordzee en de geweldige zandvlakte ten oosten van buureiland Terschelling!

Ter oriëntatie

Een gemakkelijke aankomst

'Nooit ben ik gelukkiger dan tijdens de heenreis op de boot', zei de bekende bioloog Jac. P. Thijsse al aan het einde van de 19e eeuw over de overtocht naar Texel. Voor veel mensen geldt nu nog precies hetzelfde: zodra ze aanmonsteren op de veerboot naar een van de vijf Waddeneilanden en ze de schier eindeloze Waddenzee oversteken, worden ze overmand door het ultieme vakantiegevoel. En zodra er aan de horizon een streep land opdoemt en het eiland langzaam vorm krijgt, zijn alle dagelijkse zorgen als sneeuw voor de zon verdwenen. Thijsse wilde trouwens helemaal niet naar Texel, maar als beginnende onderwijzer was hij in 1890 naar het eiland 'verbannen' – zo ervoer hij dat destijds althans. Die verbanning groeide echter uit tot een levenslange liefde.

Jac. P. Thijsse werkte slechts twee en een half jaar als onderwijzer op Texel, maar daarna keerde hij er nog vele malen terug.

Hij was daarmee een van de talloze liefhebbers die vroeger en nu steeds weer naar 'hun' favoriete eiland teruggaan, op zoek naar de rust en de natuur die de Waddeneilanden bieden.

Bewoond en onbewoond

De Waddeneilanden zijn brokstukken van een standwal die zich na de ijstijden van Kaap Gris Nez in Frankrijk tot aan het Deense Esbjerg in de Noordzee vormde. Alleen het zuiden van Texel is ouder. Hier ligt keileem uit de Saale-ijstijd, in een gordel die loopt van Den Hoorn tot Oosterend. In de Romeinse tijd waren door de oprukkende zee al brede gaten in de inmiddels opgestoven en begroeide strandwal geslagen. Later, in de middeleeuwen, spoelde de

Dit typeert de Waddeneilanden: duinen, strand en zee

Ter oriëntatie

zee ook grote delen van het veen achter de eilanden weg. Toen kreeg het Waddengebied zijn huidige vorm. De eilanden Griend en Rottumeroog werden in die tijd zodanig door de zee bedreigd dat de bevolking ze verliet.

High five!

De vijf Waddeneilanden van links naar rechts op de kaart: Texel, Vlieland, Terschelling, Ameland en Schiermonnikoog. Elk van de vijf parels van de Noordzee heeft een heel eigen karakter. **Texel** (▶ Kaart 2, D-F 10-14) is het grootste van de vijf, voelt het minst als een eiland aan en heeft het meest uitgebreide recreatieve aanbod. Niet alle nieuwbouw is er even fraai en wie op zoek is naar rust kan het toeristische De Koog, waar veel jongeren komen, het beste mijden.

Maar desondanks is Texel ook voor natuurliefhebbers een paradijs gebleven, waar u zelfs in het drukste hoogseizoen op 100 m vanaf een bewaakt strand nog wel een afgezonderd plekje kunt vinden.

Wie het kleine niet eert ...

Wie denkt dat de vier kleinere Waddeneilanden voor toeristen minder interessant zijn dan Texel, zit er helemaal naast! De 'kleintjes' doen in toeristische belangstelling beslist niet onder voor hun 'grote zuster.' Op de veerboten is het eigenlijk altijd druk. De meeste jongeren kiezen, meer nog dan voor Texel, voor **Terschelling** (▶ H-N 5-7). Daar gebeurt altijd van alles en gaan strand- en nachtleven hand in hand. Maar ook op Terschelling, dat voor 75 procent uit beschermd natuurgebied bestaat, komt de liefhebber van rust en natuur volop aan zijn trekken.

Ameland (▶ O-V 5) is het Waddeneiland met de minst spectaculaire uitstraling. Het leent zich vooral voor rustige vakanties met het hele gezin en beschikt over de fraaiste stranden. Sinds pastoor Janssen aan het einde van de Eerste Wereldoorlog groepen bleke stadskinderen naar het eiland haalde, is het bijzonder populair als bestemming voor kinder- en jeugdgroepreizen. Alles gaat er hier wat rustiger aan toe dan op Terschelling en Texel. Wie hier een weekje of twee wil doorbrengen, kan in die tijd het hele eiland wel bekijken.

Schiermonnikoog (▶ T-W 4-5) en **Vlieland** (▶ Kaart 2, E-H 8-10) zijn de kleinste van de vijf bewoonde Waddeneilanden en hun oorspronkelijke aangezicht is ook het minst aangetast door het toerisme. Beide eilanden zijn maar één dorp rijk. Een extra factor die bijdraagt aan de rust en stilte op Schiermonnikoog en Vlieland is het verbod op de auto; alleen eilandbewoners zelf mogen een auto bezitten, de rest gaat lopend, met de fiets of met de bus.

De fiets is hier dan ook het meest passende vervoermiddel. Het sluit aan bij het gemoedelijke dagritme dat de eilanders eigen is, en dat snel wordt overgenomen door de gasten. De fiets is bovendien het ideale vervoermiddel om de natuurgebieden en de stranden in alle rust op te zoeken.

Eilandhoppen

Ideaal voor iedereen die niet één, maar liever meteen twee of drie eilanden wil leren kennen. Via verschillende aanbieders is het mogelijk om een meerdaagse tocht over verschillende eilanden te maken. Uw fiets mag mee, maar u kunt ook op elk eiland een huurfiets reserveren. De overtocht naar het volgende eiland gaat per veerboot of per klipper. Met de klipper duurt de tocht zeker een paar uur als gevolg van de vaarroutes. Bij laagtij valt ongeveer 80 procent van de Waddenzee droog. Het eiland- of wadhoppen kan alleen in de zomermaanden. Meer informatie op www.wadden.nl en www.wadfietsen.nl

Kennismaking, de Waddeneilanden in cijfers

De zon lach u toe!

Op de Waddeneilanden heerst ondanks de noordelijke ligging een opvallend mild klimaat; duidelijk milder dan in de rest van Nederland. In de winter wordt het niet al te koud, in de zomer niet erg heet. En op alle vijf eilanden kunt u genieten van de meeste zonne-uren van het land. Volgens cijfers van het KNMI is Texel met een gemiddelde van 1690 zonne-uren per jaar de koploper.

In goed gezelschap

Er bestaan in totaal overigens bijna vijftig waddeneilanden, waarvan een deel zich voor de kust van Denemarken en Duitsland bevindt. Het Europese Waddengebied strekt zich van het Deense Esbjerg langs de Duitse en Nederlandse kust uit tot aan Den Helder. Sinds 1986 valt het hele gebied onder natuurbescherming. In 2009 kwam het op de Werelderfgoedlijst van UNESCO. Het is het grootste ononderbroken kustgetijdegebied ter wereld en kent een uniek ecosysteem.

Unieke voedselketen

'Hier overspoelt de oceaan twee keer per etmaal een onmetelijk groot stuk land, waar een eeuwige strijd tussen de elementen gaande is, zodat niemand ooit weet of het gebied nou bij het land of bij de zee hoort,' merkte de Romeinse geschiedschrijver Plinius de Oudere al in de 1e eeuw n.Chr. op.

Eb en vloed bepalen de dagelijkse gebeurtenissen op de Waddenzee. Bij laag water ontstaat er op het droogvallende wad een landschap vol geulen en kuilen, terwijl de vloed voor een toevoer van voedingsstoffen zorgt die aan de basis staat van een unieke voedselketen. Planten en weekdieren nemen de voedingsstoffen op en dienen op hun beurt weer als voedsel voor de garnalen, vissen en vogels.

Het kapitaal van de eilanden: de natuur

Vanwege zijn rijkdom aan voedingsstoffen is de Waddenzee ook onmisbaar als rust- en broedplaats voor honderden vogelsoorten, terwijl vele duizenden trekvogels het gebied elk jaar aandoen. De interessantste manier om de Waddenzee beter te leren kennen is wel tijdens een wandeling over drooggevallen gebied, het zogenaamde wadlopen. Wadlooptochten kunnen van twee van de vijf eilanden en ook vanaf diverse plaatsen op het vasteland worden ondernomen. De Waddenzee is een gebied vol geheimen en daarom mag alleen onder begeleiding van een gids over de drooggevallen zeebodem worden gewandeld. Als u de modder voor lief neemt, zult u de zee tijdens het wadlopen spectaculair tot leven zien komen. Het was ook de natuur die de jonge Thijsse, een van de belangrijkste biologen van Nederland, voor de eilanden innam. Hij raakte onder de indruk van de vele vogels en planten, en inderdaad is de flora van Nederland nergens rijker dan op de Waddeneilanden. Dat verbaast ook niets, want van noord naar zuid telt elk eiland tal van te onderscheiden biotopen: zee en strand, droge duinen en heide, bos, laaggelegen vochtige en wat hogere droge polders, kwelders, zoutmoerassen en wadden.

En al die natuur bijeen vormt het kapitaal van de eilanden, de magneet die steeds weer mensen naar dit unieke natuurgebied trekt.

Kennismaking, de Waddeneilanden in cijfers

Bescherming van een uniek natuurgebied

Om die natuur te beschermen richten de eilandbestuurders zich sinds de jaren negentig van de vorige eeuw op kwaliteit, in plaats van kwantiteit, want het toerisme dreigde de natuur af en toe onder de voet te lopen. Het toerisme groeide door de toenemende welvaart en het algemene recht op vakantie al sinds de jaren vijftig en zestig van de vorige eeuw steeds verder. Met de veranderende wensen van de toeristen werd altijd rekening gehouden, met de wensen van de natuur lange tijd veel minder. Het is begrijpelijk dat dit geen goede gevolgen had voor de natuur op de eilanden.

Omvangrijke hoogbouw, zoals op de Duitse Waddeneilanden, vindt men niet op de Nederlandse eilanden; evenmin als nederzettingen die in de winter op spooksteden lijken. Jammer genoeg wel hier en daar een smakeloze klomp nieuwbouw, soms zelfs direct aan het strand, zoals in De Koog op Texel.

Hoe ernstig men de natuurbescherming neemt op de eilanden, valt op te maken uit het voorbeeld van Terschelling. Hier heeft de overheid natuurbehoud tot prioriteit nummer één gemaakt. Op alle eilanden genieten grote wetlands en duingebieden bescherming – sommige daarvan mogen helemaal niet of alleen met een gids bezocht worden. Schiermonnikoog – bijna in zijn geheel een Nationaal Park – staat zelfs voor het grootste deel onder natuurbescherming.

Voor de visserij gelden al geruime tijd strenge regels, want overbevissing is en blijft een probleem. Zo is vastgesteld dat zestig tot zeventig procent van alle schaaldieren noodzakelijk zijn als voedsel voor vogels. De broze voedselketen in de Waddenzee wordt verder ernstig bedreigd door verontreiniging van het zeewater.

Omslag in het denken

Elk jaar zijn duizenden vogels het slachtoffer van de verontreiniging van de Noord- en Waddenzee door olie en andere vuiligheid. Maar als ze bijtijds gevonden worden, maken ze een goede kans op herstel. Dat herstel krijgen ze vaak in Ecomare op Texel, waar jan-vangenten, zeekoeten en zilvermeeuwen – soorten die in kolonies leven – tussen hun soortgenoten worden opgevangen. Een ander aandachtpunt voor de natuurbescherming is gaswinning bij Moddergat. Er wordt nauwlettend in de gaten gehouden wat de effecten zijn op landschap en dieren.

En ook de bezoekers van de Waddeneilanden worden steeds milieubewuster. Ze komen niet meer uitsluitend om aan het kilometerslange strand te 'bakken' en in de golven van de Noordzee te poedelen, ze komen ook steeds meer om de eerste grutto van het jaar te bekijken, de vlucht van de lepelaar te bewonderen, van de kleurenpracht van lamsoor en blauwe zeedistel te genieten, de hoge schreeuw van de scholekster te horen of om gewoon met de fiets lekker duin-op, duin-af te golven.

Toerisme in harmonie met de natuur?

De fiets verdient wel een extra vermelding. Het ijzeren ros is het eilander vervoermiddel bij uitstek, zeker op Vlieland en Schiermonnikoog, waar auto's verboden zijn. Maar ook bij een bezoek aan Texel, Terschelling en Ameland doet men er goed aan zijn auto op de vaste wal achter te laten, want op alle eilanden liggen zeer fijnmazige netwerken van fiets- en wandelpaden.

Voor de bezoekers zijn er volop recreatiemogelijkheden – steeds meer in harmonie met de natuur. Die zijn er enerzijds om voor een geslaagde vakantie te zorgen, maar ook om een verblijf buiten het hoogseizoen aantrekkelijker te ma-

Kennismaking, de Waddeneilanden in cijfers

Feiten en cijfers

Overheid: het bestuur van de eilanden valt onder twee provincies. Vlieland, Ameland, Terschelling en Schiermonnikoog behoren bestuurlijk tot de provincie Friesland, en Texel hoort bij Noord-Holland.

Oppervlakte: ca. 40.000 ha in totaal. Texel 17 000 ha, Vlieland 4000 ha, Terschelling 9 000 ha, Ameland 6000 ha en Schiermonnikoog 4000 ha.

Grootte: Texel: 25 km lang, max. 8 km breed; Vlieland: 12 km lang, max. 2 km breed (Vliehors niet meegerekend); Terschelling: 30 km lang, max. 4,5 km breed; Ameland: 25 km lang, max. 4 km breed; Schiermonnikoog: 17 km lang, max. 4 km breed.

Lengte strand: 117 km totaal. Texel 30 km, Vlieland 12 km, Terschelling 30 km, Ameland 27 km, Schiermonnikoog 18 km.

Bosoppervlak: 1680 ha totaal. Texel 620 ha, Vlieland 300 ha, Terschelling 400 ha, Ameland 210 ha, Schiermonnikoog 150 ha.

Inwoners: ca. 24.350 totaal. Texel 14 000, Vlieland 1150, Terschelling 4800, Ameland 3500, Schiermonnikoog 1000.

Dorpen: 17 totaal. Texel 7, Vlieland 1, Terschelling 4, Ameland 4, Schiermonnikoog 1; het grootste dorp is met afstand Den Burg op Texel (ca. 7000 inwoners).

ken. Voor slecht weer zijn er aantrekkelijke musea, zwemparadijzen en cafés en restaurants van alle niveaus. En menigeen trotseert in het koude seizoen de vaak straffe wind om lange strandwandelingen te maken. Wie daar niet van houdt, kan een plekje zoeken in een strandpaviljoen. Want wat is er mooier dan met een koffie verkeerd of een hete grog bij het haardvuur genieten van het uitzicht over de schuimende branding en de kolkende zee?

Prijsbewust op vakantie

De eilanden zijn geen goedkope vakantiebestemming. Vooral hotels, restaurants, bars en disco's zijn duur te noemen. Bij het reserveren van uw onderdak is het verstandig om bij de VVV's naar aanbiedingen te informeren. Rond het hoogseizoen zijn de hotels karig met aanbiedingen, maar kijkt u eens op hun websites of er nog speciale arrangementen worden aangeboden.

De VVV's van bijna alle eilanden bieden meerdaagse arrangementen aan voor een prijs die naast de overnachtingen in hotel of pension allerlei extra's omvat, zoals veerbootkaartjes, fietsen, museumbezoek, dagmenu's, informatiepakketten, rondvaarten en fiets- en wandelkaarten.

Een bezoek aan de website van een VVV kan heel nuttig zijn. Deze organisaties bieden tegenwoordig de lastminute-aanbiedingen op banners of onder het kopje accommodatie op de website aan. Een paar muisklikken kunnen u zo veel geld besparen.

Hotels geven vaak een korting voor kinderen die bij hun ouders op de kamer overnachten (kinderen tot een jaar of twee kunnen meestal gratis of voor een tiental euro's bij hun ouders op de kamer slapen, kinderen tussen de twee en zeven of tien jaar oud betalen vijftig procent van de normale prijs).

Op Texel krijgt u bij verschillende hotels tussen oktober en maart doordeweeks gratis een fiets ter beschikking.

Van april tot oktober kan men van dinsdag tot donderdag tegen een gereduceerd tarief met de veerboot naar Texel. Enkele hotels bieden buiten het zomer-

Kennismaking, de Waddeneilanden in cijfers

seizoen een midweekverblijf aan tegen een lagere prijs.
In verschillende hotels en appartementencomplexen wordt in het laagseizoen een korting van tien tot twintig procent gegeven aan 55-plussers en jonge gezinnen (oudste kind jonger dan vijf of zeven jaar).
Ook bij de maaltijden kan men geld besparen. Vooral restaurants uit de hogere prijsklassen bieden vaak voordelige lunchmenu's aan. Hun gasten kunnen van een goede prijs-kwaliteitsverhouding en een vaak betere bediening genieten dan 's avonds, als het veel drukker is.
Ook musea kan men goedkoper bezoeken, diverse kaarten verschaffen u een korting op de toegangsprijs.
Last but not least, wie op het openbaar vervoer is aangewezen, doet er goed aan niet steeds een kaartje voor een dure enkele reis aan te schaffen, maar een gunstiger variant, zoals de strippenkaart (de OV-chipkaart is hier nog onbekend) of een dagkaart. Een ander voordelig vervoersbewijs naar Terschelling of Vlieland is het Waddenretour (voor trein, veerboot en bus). Informatie tel. 0900-9292 (0,50/min.)

Uitgaan

Terwijl het op Texel en Terschelling (vooral in De Koog, Den Burg, West en Midsland) 's avonds rumoerig is, verloopt het nachtleven op de drie andere eilanden rustiger. Toch zijn hier ook verschillende cafés, bars, muziek- en dansgroepen, en locaties om biljart of darts te spelen en te dansen. Daarnaast is er een uitgebreide terrascultuur, die ook in het voorjaar en de winter blijft bestaan, mede dankzij de vele verwarmde terrassen. Op Texel geldt de '2.30-3 uurregeling': Vanaf 2.30 mag niemand meer naar binnen, om 3 uur (in het weekend om 4 uur) moeten de horecagelegenheden sluiten. Op Ameland kan men tot 1.30 uur naar binnen, en wie eenmaal binnen is, mag blijven tot 4 uur. Op de andere eilanden is het meestal rond 2 uur sluitingstijd.

Waterkwaliteit

Rijkswaterstaat geeft actuele informatie over de zwemwaterkwaliteit uit (www.waddenzee.nl; vrijetijd; watersport). Over het algemeen scoort het waddenwater 'goed' op alle onderzochte criteria. Bovendien waait de blauwe vlag aan het strand van Buren, Nes en Hollum op Ameland, evenals bij Paal 9, 17, 20 en 28 op Texel (www.blauwevlag.nl).

> **Overigens**: in het waddengebied wordt een aantal delicatessen op de markt gebracht onder de naam Waddenproducten. Ze worden geproduceerd in de directe omgeving van de Waddenzee.
> Zo zijn er verschillende waddenwijnen, zoals cranberrywijn en duinwijn. Jaarlijks worden er meer dan 100.000 flessen van deze noordelijke wijnen verkocht.
> Verder zijn er allerlei soorten mosterd (zoals lamsorenmosterd, zeekruidenmosterd), honing, thee, jam (zoals aroniabessenjam), sauzen, sappen, siroop (zoals vlierbessensiroop) en snoep te koop.
> Ook producten voor lichaamsverzorging, zoals een bodyscrub op basis van duindoorn, mogen het keurmerk dragen. En hoe heerlijk moet het zijn om na te genieten met waddenbadzout 'zeebries'.
> Veel van de bedrijven die waddenproducten maken, nodigen belangstellenden uit zelf een kijkje op het bedrijf te komen nemen.
> Voor meer informatie: www.waddendelicatessen.eu

Geschiedenis, heden en toekomst

IJstijden

In het pleistoceen en het holoceen, de twee laatste ijstijden, schuiven gletsjers enorme pakken leem, kiezels en klei ineen. Het oudste deel van Texel, de Hoge Berg, wordt zo gevormd. De temperaturen gaan daarna omhoog, het ijs smelt en de zeespiegel stijgt. De Noordzee schuift enorme massa's zand voor zich uit en vormt omvangrijke zandbanken. Aanvankelijk liggen die zandwallen vlak voor de kust. Het zand raakt begroeid, waardoor de wallen steeds steviger worden; vanaf 1000 v.Chr. ontstaat hieruit een gesloten rij duinen, met erachter een moerasgebied.

Eerste nederzettingen

Stormen op zee slaan grote gaten in de duinenrij. Uit wat overeind blijft, ontstaan de vier oostelijke Waddeneilanden, die in tegenstelling tot Texel helemaal uit zand bestaan. Het brede moerasgebied achter de duinenrij wordt weggespoeld en daar ontstaat de Waddenzee. Uit het zuiden afkomstige boeren vestigen zich op 1 à 2 m hoge terpen op de zuidelijke delen van de eilanden. Rond 800 n.Chr. is de zee erg woest; men hoogt de terpen verder op en tussen de boerderijen en dorpen legt men opgehoogde verbindingswegen aan.

Landwinning

Rond 1100 n. Chr. houdt de zee zich rustig en steeds meer mensen vestigen zich aan de zuidkant van de eilanden. Onder leiding van monniken worden grote stukken land ingedijkt. Het onderhoud van de dijken is een zaak van de hele gemeenschap. De Waddenzee bestaat sinds ongeveer 1200 in zijn huidige vorm.

Opkomende scheepvaart

De bewoners van de Waddeneilanden voorzien in hun levensonderhoud met visserij; op sommige eilanden spelen landbouw en veeteelt ook een (ondergeschikte) rol. De scheepvaart gaat in de late middeleeuwen een belangrijkere rol spelen; de eilanden liggen namelijk ideaal langs de scheepvaartroutes en zijn zeer geschikt voor tussenstops tussen Engeland, Vlaanderen en Holland en de hanzesteden Hamburg, Bremen en Lübeck.

De gouden eeuw

In 1585 wordt Amsterdam de belangrijkste aan- en doorvoerhaven van Noord-Europa. De handelsroutes voeren door het Vlie en het Marsdiep, waarvan vooral Texel, Vlieland en Terschelling de voordelen plukken. Vele kapiteins van de grote handels- en oorlogsvloot zijn afkomstig van de Waddeneilanden.
Op de eilanden zelf neemt de welvaart toe en wordt er geld verdiend dankzij de opslag van goederen, zeilmakerijen en proviandvoorziening. Holland groeit in de 17e eeuw uit tot een grote handelsnatie. Handelsverenigingen, zoals de Verenigde Oost-Indische Compagnie, worden schatrijk door de opbrengst van de koloniën in Oost- en West-Indië. Van die enorme rijkdom pikken ook de Waddeneilanden hun graantje mee.

Neergang

Al sinds de 17e eeuw leveren de Waddeneilanden een groot deel van de bemanning van de walvisvaarders, met name de kapiteins. De mannen zijn weliswaar vaak maandenlang weg, maar verdienen veel geld voor de eilanden. Aan die rijkdom komt abrupt een einde als de

Geschiedenis, heden en toekomst

Engelsen in 1798 de hele Nederlandse walvisvaardersvloot in beslag nemen. De opkomst van de stoomboot maakt rond die tijd ook een einde aan de zeilscheepvaart en veel zeelieden worden werkloos.

De aanleg van het Noord-Hollands Kanaal, in 1824, maakt de haven van Amsterdam bereikbaar zonder gebruikmaking van het Vlie en het Marsdiep. In de 19e eeuw hebben de eilanders het dan ook heel zwaar. Om aan extra grond voor akkerbouw te komen, worden grote stukken land ingepolderd.

Toerisme en natuurbescherming

Rond het begin van de 20e eeuw staan de eilanden er economisch gezien desastreus voor. Vrijwel al het geld gaat op aan de bescherming van de kust. De beide wereldoorlogen brengen het opkomende toerisme enorme schade toe. In de jaren vijftig en zestig keert het tij zich ten goede, mede doordat elke werknemer in die tijd recht op vakantie krijgt. De Waddeneilanden richten zich op 'zacht' toerisme; de natuurbescherming gaat voor alles, omdat de natuur het kapitaal van de eilanden is. In 2009 volgde een mooie beloning voor iedereen die zich sinds jaar en dag inzette voor de bescherming van de natuur op de wadden: op 26 juni van dat jaar werd de Waddenzee op de Werelderfgoedlijst van de UNESCO geplaatst. Daarmee behoort het tot de meest beschermwaardige natuurgebieden ter wereld. De Waddenzee is een van de grootste ecosystemen op aarde die volledig afhankelijk zijn van eb en vloed. Het is het leefgebied van ongeveer 10.000 dieren, planten en ongewervelden. Tussen de tien en twintig miljoen trekvogels rusten hier ieder jaar op de route naar hun zomer- of winterbestemming.

Het is ook een van de weinige gebieden waar mensen de natuurkrachten die het landschap dagelijks scheppen en herscheppen veilig kunnen ondergaan en beleven.

Ook de grutto, een wereldwijd bedreigde soort, broedt op de Waddeneilanden

Overnachten

Boeken

De VVV's van de Waddeneilanden geven informatieve en rijk geïllustreerde gidsen uit. Hierin staat een keur aan overnachtingsmogelijkheden. De gidsen kunnen bij de VVV's worden aangevraagd. Op de websites van de VVV-kantoren is de inhoud van de gidsen grotendeels terug te vinden. Ook adressen van kamers en vakantiehuizen van particulieren zijn hier te vinden. Het is mogelijk uw overnachting via de VVV te boeken. Ook in de advertenties op de vakantiepagina's van de landelijke en regionale dagbladen en in de Kampioen van de ANWB is een groot aanbod aan accommodatie te vinden.

Wie in de zomer nog een verblijfplaats op de eilanden wil boeken vist hoogstwaarschijnlijk achter het net. Zeker wie in het hoogseizoen voor een weekend of langere tijd naar een van de eilanden wil moet al maanden van tevoren boeken om van een plaats verzekerd te zijn. Dit geldt ook voor een plaats op een camping.

Accommodatie op de eilanden is duur. Goedkope hotels of pensions zijn er weinig. In het hoogseizoen liggen de prijzen van hotels bijna altijd zo'n tien procent hoger. Appartementen zijn in voor- en naseizoen circa vijftig tot zestig procent goedkoper. Bij vakantiewoningen kan die korting in het laagseizoen tot maar liefst zeventig procent oplopen.

Tijdens feestdagen of evenementen verhuren hotels kamers vanaf minimaal drie of vier overnachtingen. Wie op het laatste moment boekt kan ook een korter verblijf boeken. Veel hotels verhuren in het weekend kamers vaak alleen voor twee nachten. In de maanden juli en augustus worden vakantiehuisjes alleen maar per week verhuurd. Tijdens vakanties en feestdagen moet per persoon een toeslag van € 2 tot € 10 per nacht worden betaald.

Wie als individu een tweepersoonskamer boekt betaalt in de regel een toeslag van € 10 tot € 30 bovenop de prijs voor een eenpersoonskamer.

Hotels en pensions

Van kleinere familiehotels tot grote gerenommeerde hotels, alles is op de Waddeneilanden te vinden. Dat geldt ook voor de inrichting van de kamers; het palet reikt van kleine, sobere kamers tot luxe suites met whirlpool, aparte kleedkamer en internetaansluiting.

Bij veel vakantiehuisjes is het aanbod van recreatieve voorzieningen erg groot (sauna, solarium, zwembad, tennisbanen). Vaak zijn ze prachtig gelegen. Vanzelfsprekend zijn de huizen met uitzicht op zee zeer gewild. De kamerprijzen in de hoofdstukken verderop in deze gids betreffen de prijs voor een tweepersoonskamer met ontbijt voor twee personen.

Particuliere verhuur

Logies (met ontbijt) vormt een goedkoop alternatief voor hotel of pension.

Vakantiehuisjes

Bij een lang verblijf op de eilanden is het huren van een vakantiehuisje de meest aantrekkelijke optie. De vakantiewoningen zijn over het algemeen goed uitgerust (vijf sterren). De meeste huisjes liggen in bungalowparken, wat als nadeel heeft dat ze dicht op elkaar staan. Voor een wat hogere huurprijs zijn er ook prachtig gelegen vakantiehuisjes te huur, bijvoorbeeld midden in de duinen. Ga er wel van uit dat deze huisjes vroegtijdig geboekt moeten worden. Behalve natuurlijk als u geluk hebt met

Overnachten

een last minute. Zoek bijvoorbeeld op www.wadden-vakantiehuis.nl.

Groepsaccommodatie

De Waddeneilanden zijn een geliefde bestemming voor schoolreisjes en jongerenexcursies. Er is dan ook een groot aanbod van zeer verschillende groepsaccommodaties. Vaak zijn ze mooi gelegen. (VVV's hebben hiervoor een speciale brochure.) Ameland beschikt over de meeste groepsaccommodaties.

Jeugdherbergen

Jeugdherbergen zijn er in West-Terschelling, in Den Burg, in Schiermonnikoog en in Hollum. Meer informatie hierover bij de desbetreffende plaats.

Campings en boerencampings

Op Schiermonnikoog en Vlieland is er weinig keuze in campings. Op de andere eilanden zijn talrijke campings die ook plaats bieden aan caravans en campers. Stacaravans (met een complete uitrusting, wc en badkamer) zijn ook te huur en vormen vaak een goedkoop alternatief voor een vakantiehuis. Erg mooi zijn de natuurkampeerterreinen van Staatsbosbeheer. Hoewel klein en eenvoudig zijn ze schoon en stil. Ook de boerderijcampings zijn aan te bevelen voor vakantiegangers die vooral rust zoeken. De kampeerplaatsen hier zijn vaak eenvoudig maar groot.

Vakantieplaatsen in vogelvlucht

Wie op Texel volop in het vakantieleven wil staan, slaat zijn kamp op in De Koog. Tot laat in de nacht is hier nog van alles te doen. De Koog ligt ook het dichtst bij het strand. Liefhebbers van rust richten zich beter op de kleinere plaatsen zoals Oosterend, De Waal of Den Hoorn. Terschelling heeft zowel de liefhebbers van rust als van vertier genoeg te bieden. West-Terschelling en Midsland worden vooral bezocht door mensen die van stappen houden. Het oostelijk deel van Terschelling is rustiger. Een vredige sfeer vindt men ook aan de noordkant van het eiland, waar groepjes vakantiehuizen als in dorpjes bij elkaar staan. Van hier is het strand ook het meest dichtbij. Op Ameland is Ballum het rustigste dorp. In Nes daarentegen is vooral in de zomermaanden altijd van alles te doen en te zien. Van de Amelander dorpen heeft Buren het minst een eigen gezicht. Toch zijn hier veel vakantiegangers en vooral ook groepen jongeren te vinden. Vlieland en Schiermonnikoog zijn duidelijk de rustigste vakantie-eilanden. Op de beide kleine eilanden is bovendien weinig verkeer dankzij het verbod om als toerist de auto mee te nemen.

Ontbijt in een bed & breakfast

Eten en drinken

Uit eten gaan

Veel restaurants bieden naast de diner- ook een (meestal kleine) lunchkaart aan. Lunchtijd is van 12 tot 14 uur, de keuken is – ook in het hoogseizoen – 's avonds zelden langer geopend dan tot 20 of 21 uur.

In het hoogseizoen zullen de meeste restaurants de hele week geopend zijn, maar er is allerminst een eenduidige regeling. Ettelijke bedrijven sluiten van november tot aan de kerstvakantie en van januari tot aan de paasvakantie.

Uit eten gaan is op de eilanden – net als boodschappen doen – relatief duur. Dat geldt ook voor eenvoudige gerechten zoals pizza's. Alleen een dagschotel wil nog weleens voordeliger zijn. Hoofdgerechten worden in de restaurants in de regel met frites, gebakken of gekookte aardappelen, verschillende groentesoorten (koud of warm) en salade geserveerd. Veel restaurants zijn in het hoogseizoen zeven dagen per week geopend. Sommige hebben wel een rustdag, maar het kan per adres verschillen welke dag dat is. Van november tot Pasen zijn sommige gelegenheden gesloten. Vaak zijn ze dan wel open in de kerstvakantie.

Regionale keuken

De Waddeneilanden kunnen niet bogen op een rijke culinaire traditie, want bij de bewoners van de eilanden is tot ver in de 20e eeuw schraalhans keukenmeester geweest. Eeuwenlang kon op de menukaart van de eilanders worden gekozen uit vis, vis of vis. Tegenwoordig is het culinaire aanbod op de Waddeneilanden natuurlijk diverser en kan er overal uitgebreid worden getafeld.

Veel restaurants serveren tegenwoordige kwalitatief hoogwaardige eilandgerechten waarin eilandproducten zijn verwerkt zoals cranberry's, geitenkaas of lamsoorhoning.

Vis en vlees

Vis vormt echter – gebakken, gesmoord, gekookt, gerookt, gemarineerd of in de soep – nog altijd een belangrijk onderdeel van het aanbod. Gekookte mosselen, naar keuze bereid in wijn, room of bier, en andere schaaldieren (de Noordzee en de Waddenzee zitten vol garnalen) zijn ook heel populair. De eilanden produceren zelf lamsvlees, dat in culinaire kringen 'presalé' genoemd wordt. Dit wil zeggen dat het al voordat de kok eraan te pas kwam, gezouten is door de zoute wind en het zilte water waartussen de dieren zijn grootgebracht. Lamsvlees is het hele jaar verkrijgbaar, maar het echte Texels lamsvlees is een seizoensproduct. Vanaf de

> **Overigens:** zelfs aan het strand kunt u tegenwoordig uitstekend eten. Het 'eten op palen' in de **strandpaviljoens** maakt dat mogelijk. Waar men vroeger niet verder kwam dan een ijsje of patat, serveert men tegenwoordig allerlei gebak en zelfs complete menu's. Sommige strandpaviljoens zijn vrijwel het hele jaar geopend, de overige ongeveer vanaf de paasvakantie tot aan de herfstvakantie, daarna worden ze weer afgebroken. In de strandpaviljoens kunt u ook urenlang loungen, een krantje lezen, uitkijken over de zee, een kop koffie of cappuccino met iets lekkers bestellen, en tot slot drinkt u een biertje met …

Eten en drinken

maand mei is het Texelse lamsvlees op zijn lekkerst. De lammeren zijn dan ongeveer drie maanden oud, hebben flink van de moedermelk gedronken en van het in zilt water groeiende gras gegeten. De voormalige Franse president Chirac staat bekend als een groot liefhebber. Ook het plaatselijke rundvlees staat uitstekend aangeschreven. Varkensvlees wordt vanaf de vaste wal 'geïmporteerd'. Wild komt niet zo veel voor, maar in toenemende mate verschijnen bijvoorbeeld wel de op de eilanden gevangen ree, duinkonijn, fazant en eend op de kaart. De meest gebruikelijke manier om die vleessoorten te verwerken is in een of andere vorm van stoofpot, waarin vaak vele soorten vlees door elkaar, gecombineerd met allerlei groentes en aardappelen worden verwerkt.

Eieren en zuivel

Pannenkoeken verdienen een bijzondere vermelding. Veel restaurants weten creatieve en verrassende variaties te bedenken, die in een pannenkoekenrestaurant niet zouden misstaan. De Waddeneilanden hebben een reputatie hoog te houden waar het gaat om de zuivelproducten. De room waar de mosselen in worden bereid, de crème fraîche die bij de kalfsfilet wordt geserveerd en de voortreffelijke kazen die op de Wadden worden gemaakt, gelden stuk voor stuk als delicatessen. Vooral de schapen- en geitenkazen van de eilanden zijn geliefd.

Vegetarisch

Ook vegetariërs kunnen op de Waddeneilanden hun hart ophalen, want vrijwel elk eetcafé of restaurant heeft wel een aantal vlees- en visloze schotels en menu's op de kaart staan.

Kinderen

Kinderen hoeven al evenmin te wanhopen, want behalve dat er bijna overal speciale kindermenu's verkrijgbaar zijn, is ook de rest van de voorzieningen in de horeca prima op kinderen afgestemd: er zijn speciale hoge stoelen beschikbaar, placemats zijn vaak tevens kleurplaten en komen samen met kleurpotloden, en vaak zijn er aparte speelhoeken ingericht.

Tussendoortjes

Cafetaria's zijn er genoeg, net als broodjeswinkels. Natuurlijk neemt vis ook hier in alle mogelijke variaties een belangrijke plaats in. Ook viskramen vormen een belangrijke pleisterplaats om even bij te komen onder het genot van een garnalenbroodje, een Hollandse Nieuwe of versgebakken vis.

Tegen vijven kunt u in de vele cafés eventueel de koffie laten staan voor een borreltje met met garnituur. Heerlijk na een dag wandelen of fietsen in de buitenlucht.

Alcohol

De opvallendste specialiteit van de eilanden op het gebied van de alcoholica is de bereiding van tal van kruidenlikeuren en -bitters: Tesselschade, 't Juttertje, Kees Boontje, Kleintje van Geert (met 18 verschillende smaken!) en Nobeltje zijn enkele van de bekendste merken. Op Terschelling zijn verder de Beerenburg (jenever met kruiden) en cranberrywijn favorieten; die laatste wordt ook op Vlieland veel geproduceerd. Texel heeft een eigen brouwerij, waar onder andere het bier met de fraaie, maar enigszins misleidende naam 't Licht van Troost wordt gebrouwen; met een percentage van 9 is het bepaald geen licht bier.

Praktische informatie

Reizen naar de Waddeneilanden

Met de auto

Vanuit Noord-Nederland is de Afsluitdijk de handigste route naar Den Helder, waar de veerboot naar Texel vertrekt. Vanuit de overige delen van Nederland rijdt u naar Amsterdam, en vervolgens via de A9 en (vanaf Alkmaar) de provinciale N9 naar Den Helder.
Voor de veerboot van Harlingen naar Vlieland en Terschelling is vanuit West-Nederland de Afsluitdijk (A7) de handigste verbinding, maar vanuit het zuiden kunt u beter door de Flevopolders (A6 en A27) en via Sneek (A7) rijden. Of vanuit het oosten via de A28 en A32. Naar Holwerd (veer naar Ameland) en Lauwersoog (naar Schiermonnikoog) gaat u eerst naar Leeuwarden of Groningen en daarna bent u op kleinere provinciale wegen aangewezen.

Met de trein en bus

De veerboothavens Den Helder (Texel) en Harlingen (Terschelling, Vlieland) zijn bereikbaar per **trein**. In Harlingen rijdt de trein aansluitend op de aankomsten vertrektijden van de boten zelfs tot aan het station aan de haven. Zowel in Harlingen als in Den Helder rijden de bussen van het Centraal Station naar de haven en terug.
Vanuit Leeuwarden kunt u per **bus** naar de veerboot richting Ameland (via Holwerd) en de veerboot naar Schiermonnikoog (via Lauwersoog). Ook vanuit Groningen kunt u per bus naar de veerboot richting Schiermonnikoog en Ameland.
Als u van plan bent de laatste boot van de dag te nemen, doet u er goed aan wat speling in uw reisschema in te bouwen. Treinen hebben regelmatig vertragingen en het overstappen van trein of bus naar de boot kost over het algemeen flink wat tijd, zeker als u de nodige bagage bij u hebt of met kleine kinderen reist. De veerboten daarentegen vertrekken meestal precies op tijd.
Wie met het openbaar vervoer naar Terschelling of Vlieland wil reizen, kan via de veerdienst vanuit Harlingen een zogenaamd Waddenretourtje kopen. Dit biljet is geldig voor de treinreis naar Harlingen-Haven en de overtocht over de Waddenzee naar Terschelling of Vlieland, en voor de tocht terug; zie www.rederij-doeksen.nl.
Reisinformatie openbaar vervoer tel. 0900 9292, www.9292ov.nl of www.ns.nl.

Met de veerboot

Wie naar een van de Waddeneilanden gaat, ontkomt er niet aan het laatste deel van zijn reis met de veerboot af te leggen. Alleen naar Vlieland en Terschelling vaart naast de gewone langzame boot ook nog een snellere veerboot, waarmee u dubbel zo snel op de plaats van bestemming bent. Zorg er voor dat u uiterlijk een half uur voor het tijdstip van vertrek aanwezig bent, vooral als u de auto mee wilt nemen. De twee kleinste eilanden, Schiermonnikoog en Vlieland, zijn overigens geheel autovrij en reizigers daarheen moeten hun auto dus op de vaste wal achterlaten.
Wie zijn auto wil meenemen naar Ameland of Terschelling moet zeker 's zomers maanden van tevoren een plaatsje reserveren. Voor de veerboot naar Texel is reserveren niet alleen on-

Praktische informatie

nodig, maar zelfs onmogelijk. Op de drukste dagen kan de wachttijd in Den Helder weleens tot een paar uur oplopen, maar 's zomers worden er vaak extra veerboten ingezet.

Wagenborg Watertaxi heeft een speciale service: met een snelle watertaxi kunt u zich laten vervoeren van en naar de eilanden en tussen de eilanden onderling. De watertaxi is net zo gemakkelijk te boeken als een gewone taxi en u kunt zelf bepalen vanaf welke lokatie u wilt vertrekken. Van de vaste wal naar Ameland duurt bijvoorbeeld een kwartier. De schepen zijn gestationeerd in Lauwersoog en op Ameland, maar u kunt ook andere vertrek- en aankomstlokaties kiezen. Een overtocht kost € 25 per persoon, met een minimum van € 100. www.wadtaxi.nl of 0900-9238.

Alle havenplaatsen bieden de mogelijkheid tot lang parkeren, maar dat is nergens gratis – integendeel, de prijs kan wel oplopen tot € 6 per dag. Informeer daar van tevoren even naar bij de plaatselijke VVV of bij de rederij waarmee u de oversteek maakt, dat voorkomt vervelende verrassingen.

In Harlingen is het raadzaam om goed op te letten op welke veerboot u stapt, naar Terschelling of Vlieland, want beide boten liggen vlak naast elkaar.

Reizen op de Waddeneilanden

Vanuit de havens waar de veerboten aankomen bestaan goede busverbindingen naar alle hoeken van de eilanden, en meestal sluiten de rijtijden aan op de vaartijden van de boten (tel. 0900 92 92). Daarnaast staan er aan de kade taxi's, taxibusjes en hotelbusjes klaar. Ook los van de aansluitingen met de veerboten zijn de busverbindingen goed. Op sommige eilanden rijden zelfs nachtbussen (zie voor rijtijden de VVV's of de toeristenbladen).

Feesten en festivals

In de zomer kunt u het ene evenement na het andere meemaken: van vlooien- en rommelmarkt tot strandvolleybaltoernooi en open atelierdagen. U kunt de eilanden ook beter leren kennen door mee te doet aan excursies, videolezingen, of traditionele opvoeringen en sportevenementen te bezoeken zoals volksdansen of ringsteken. Qua muziek is men ook van alle markten thuis: van klassiek tot shanty en van kamerkoor tot big band.

Ameland

Oldtimerweekend: apr. In het voorjaar komen liefhebbers van klassieke auto's naar Ameland om elkaar te ontmoeten en deel te nemen aan de Amelander 'rally'. De rally op Ameland is meer een toertocht dan dat er hard gereden moet worden. De oldtimer-eigenaars komen bij elkaar om tijdens een korte vakantie te genieten van het eiland en ervaringen uit te wisselen over hun auto's.
Jaarmarkt oude ambachten: eind juli, Ballum, zie blz. 100.
Midzomerfeest: eind juli, Buren, zie blz. 103.
Rôggefeest: aug., Nes, zie blz. 102.
Kunstmaand: nov. Tentoonstellingen van hedendaagse kunst en activiteiten.

Schiermonnikoog

Zang- en Muziekconcours: juni. Meer dan dertig muziekcorpsen en koren.
Schullefeest: om de twee jaar (even jaartallen), aug. Zie blz. 112.
Internationaal Kamermuziekfestival: vier avonden in okt.

Terschelling

Oerol: half juni, over het hele eiland, zie blz. 81.
Sint Jan: 25 juni, Midsland, zie blz. 88.
Volksdansen: in de zomer zijn er in verschillende plaatsen optredens.

Praktische informatie

Makreel roken: juli, Midsland, zie blz. 88.
Rock'n'Roll Street: eind aug., begin sept., Midsland, zie blz. 88.
Veemarkt: sept., Midsland, zie blz. 88.

Texel

Woonkamertheaterfestival Broadway: Pinksteren, Den Hoorn, zie blz. 35.
Folkloremarkt: juli/aug., Den Burg, zie blz. 47.
Hoornder Donderdag: juli/aug., Den Hoorn, zie blz. 35.
Tropical Sea Festival: eind aug., De Koog, zie blz. 41.
Schaapscheerdersdag: sept., Den Burg, zie blz. 47.
Texel Culinair: sept., De Koog, zie blz. 39.
Texel Blues Festival: Den Burg, zie blz. 47

Vlieland

Donderdagavonduitvoering: gedurende het seizoen treedt elke donderdagavond een andere Vlielander band op. Zo zijn er de zangvereniging, de Vlielandse Fanfare, de jongeren-drumband en ook de volksdansgroepen.

Geld

Op alle eilanden zult u geldautomaten aantreffen, al zal het niet altijd bij u om de hoek zijn. In de meeste hotels en restaurants accepteert men creditcards. Bijna overal kunt u met uw pinpas betalen.

Gezondheid

Op alle eilanden zijn huisartsen en apotheken gevestigd. Vaak hebben de artsenpraktijken een eigen apotheek. Ziekenhuizen zijn er echter niet. In noodgevallen worden zieken per schip of helikopter naar de wal gebracht. In de kranten kunt u vinden wie de dienstdoende arts en apotheker is.

Informatie

De plaatselijke VVV-kantoren vormen de centrale inlichtingenbron voor alles wat u over de Waddeneilanden wilt weten. Men beschikt over informatieve brochures en gedetailleerde kaarten (die soms gratis zijn). Bij de VVV's kunt u ook uw accommodatie reserveren (telefonisch, via internet of ter plaatse) en kunt u zich aanmelden voor excursies.

VVV Ameland:
O.P. Lapstraat 6
9161 BV Hollum
tel. 0519 54 65 46
fax 0519 54 65 47
www.vvvameland.nl
apr.-okt. ma.-vr. 9-12, 14-17.30, za. 10-12 uur; nov.-mrt. ma.-vr. 10-12, 15-17.30, za. 10-12 uur
Bureweg 2
9163 KE Nes
tel. 0519 54 65 46
fax 0519 54 65 47
www.vvvameland.nl
nov.-april ma.-vr. 9-12.30, 13.30-17.30, za. 10-15 uur, apr.-okt. ma.-vr. 9-17.30, za. 10-15.30 uur

VVV Schiermonnikoog:
Reeweg 5
Postbus 13
9166 ZP Schiermonnikoog
tel. 0519 53 12 33
fax 0519 53 13 25
www.vvvschiermonnikoog.nl
mei-sept. ma.-vr. 9-13, 14-18, za. 10-13, 14-16 uur; okt.-apr. ma.-vr. 9-13, 14-17.30, za. 10-13, 14-16 uur

VVV Terschelling:
Willem Barentszkade 19a
8881 BC West-Terschelling
tel. 0562 44 30 00
fax 0562 44 28 75
www.vvvterschelling.nl
ma.-vr. 9.30-17, za. 10-15 uur

Praktische informatie

VVV Texel:
Emmalaan 66
1791 AV Den Burg
tel. 0222 31 47 41
fax 0222 31 00 54
www.texel.net
ma.-vr. 9-17.30, za. 9-17 uur

VVV Vlieland:
Havenweg 10
8899 BB Vlieland
tel. reserveringen 0562 45 13 45
tel. inlichtingen 0562 45 11 11
fax 0562 45 13 61
www.vlieland.net
ma.-vr. 9-12.30, 13.30-17 uur en 's avonds en za./zo. bij aankomst en vertrek van de veerboot.

Internet

www.lekkerweg.nl: de officiële site van het Bureau voor Toerisme en Congressen. Hier vindt u uitvoerige algemene informatie over de Nederlandse kust in het algemeen, de Waddenzee en de eilanden.
www.wadden.nl: op dit adres beknopte, algemene informatie, onder meer over evenementen. U kunt ook direct doorklikken naar de VVV-sites van de afzonderlijke Waddeneilanden.
www.vvvameland.nl, www.vvvschiermonnikoog.nl, www.vvvterschelling.nl, www.texel.net, www.vlieland.net: de VVV-kantoren op de Waddeneilanden geven alle mogelijke inlichtingen over de verschillende activiteiten op de eilanden. U treft er ook lastminuteaanbiedingen aan, hotelarrangementen en u kunt er een vakantiehuisje boeken. Daarnaast de weersverwachting, de evenementenagenda en speciale kinderpagina's met interactieve spelletjes en recepten.
www.waddenkiosk.nl: website met interessante wetenswaardigheden over de Waddenzee en bovendien met onlineverkoop van kenmerkende waddenproducten, zoals cranberrywijn, waddenzout en een groot aantal boeken over het waddengebied.
http://texel.pagina.nl, http://vlieland.pagina.nl, http://terschelling.pagina.nl, http://ameland.pagina.nl, http://schiermonnikoog.pagina.nl: websites boordevol links. De links zijn onderverdeeld naar hotels, kamperen, info, groepsverblijven, foto's, vakantiewoningen, uit eten, natuur, kunst etc.
www.waddenzee.nl: informatiesite van de overheid over de Waddenzee.
www.weeronline.com, www.weer.nl: hier kunt u de weersvoorspelling of buienradar voor uw waddenbestemming opzoeken.
http://route.anwb.nl/routeplanner/: deze site is handig om voor de heenreis naar de Waddeneilanden te kijken of er nog ergens verkeersopstoppingen zijn.
www.getij.nl: op deze website kunt u de getijdentafels van de Waddenzee opvragen; zo weet u wanneer het eb en vloed wordt.

Kinderen

De Waddeneilanden zijn een ideaal reisdoel voor gezinnen met kinderen. De eilandbewoners zijn zeer kindvriendelijk en ingesteld op jonge bezoekers. De belangrijkste attractie voor kinderen – natuurlijk ook voor volwassenen – is het mooie, brede strand, met zwempret, zandkastelen bouwen en spelen met een bal. Hier kunt u uw kinderen zonder zorg hun gang laten gaan, zonder dat een direct achter het strand liggende drukke verkeersweg de rust verstoort. Kinderen kunnen spelen naar hartelust en hun ouders lezen in alle rust eindelijk dat boek, dat al zo lang op het nachtkastje lag, of ze doezelen weg in de zon. De strandpaviljoens zijn een bijzonder praktische verworvenheid. Hier kan men altijd terecht voor een ijsje, een zakje frites, een drankje, of zelfs voor

Praktische informatie

een complete maaltijd. Handig ook dat er toiletten zijn, zeker voor kinderen, die vaak op stel en sprong 'moeten', al mogen meestal alleen klanten kosteloos. Zelfs als de zon niet schijnt, is het strand ideaal voor uitstapjes, bijv. om te vliegeren of om schelpen te zoeken.

Overdekte zwembaden zorgen dat waterratten bij slecht weer niets te kort komen.

Uitstapjes: maar ook afgezien van het strand is er meer dan genoeg kindervermaak: er zijn speeltuinen, bijzondere excursies (bijv. wadlooptochten, natuurwandelingen, leerzame strandzoektochten), ponyritten, grote zeeaquaria met aaibassins, of kinderboerderijen, tractorritten over het strand, rondvaarten naar de zeehondenbanken, interessante musea (bijv. juttersmusea of natuurhistorische musea) die ook leuk zijn voor kleuters en men kan zich laten rondleiden op boerenbedrijven.

Op alle eilanden bieden de fijnvertakte fietspadennetten een extra mogelijkheid tot uitstapjes met uw kinderen. De fietspaden zijn in de regel gescheiden van het snelverkeer, zodat u niet steeds op auto's hoeft te letten. Onderschat u echter niet de alomtegenwoordige en vaak krachtige wind! Soms is het beter om uit te wijken naar de wat meer beschutte paden in de bossen. Bij de talrijke fietsverhuurders vindt u altijd een kinderfiets, -zitje, -aanhanger of bakfiets. 's Zomers zijn er overal markten en braderieën met kinderactiviteiten en kermisvermaak.

Praktische tips: uit eten gaan met de kinderen is op de eilanden een ontspannen aangelegenheid. In de restaurants zijn kinderen graag geziene gasten en ze hoeven er niets tekort te komen. Naast speciale kindergerechten is er gezorgd voor de randvoorwaarden: verhoogde stoelen, tekenpapier en kleurpotloden, speelhoekjes en speelgoed zorgen ervoor dat het etentje voor elk gezinslid

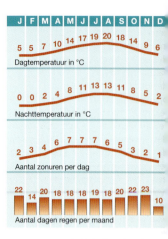

een succes wordt. Ook de vakantieverblijven zijn ingesteld op kinderen. Ideale accommodaties zijn vakantiehuisjes en -appartementen. U vindt ze te kust en te keur. Bijna overal kunt u kinderstoeltjes en -bedjes huren. Sommige campings zijn speciaal toegerust voor gezinnen. Wie graag verblijft in een hotel, moet eens navraag doen bij de grotere hotels (vooral bij appartementenhotels). Ze zijn dikwijls goed ingesteld op kinderen. Te denken valt aan aparte kinderkamers, bijzondere kinderactiviteiten in de zomer en soms zelfs een oppasservice.

Klimaat en reisseizoen

Het hele jaar rond is het klimaat op de eilanden opvallend mild. In de zomer is het er iets koeler dan op het vasteland, in de winter meestal wat warmer. De meest geliefde periode voor een eilandvakantie valt nog steeds in de hoogzomermaanden juli en augustus, hoewel de bezoekersaantallen voor lente, herfst en winter er niet om liegen. Aan de ene kant leren de toeristen de aantrekkingskracht van de andere seizoenen op waarde te schatten, aan de andere kant doen de eilanders veel moeite om een aantrekkelijk aanbod

Praktische informatie

voor de perioden buiten het hoogseizoen tot stand te brengen.
In de zomer zijn de meeste zwemstranden bewaakt. Van Pasen tot in de herfstvakantie zijn de musea, de zwembaden, de hotels, pensions en de campings geopend. Lente en herfst trekken de meeste natuurliefhebbers, vooral omdat mei, september en oktober de beste maanden zijn voor de vogelaars. De herfst op de Waddeneilanden is bepaald lang en relatief mild. In de winter staat er vaak een straffe bries, maar daar staat dan wel weer een groot cultureel aanbod tegenover. De voortdurend jagende wind blaast de regenwolken ook snel weer over, zodat op de eilanden doorgaans veel minder neerslag valt dan in de rest van Nederland.

Toeristenbelasting

Alle Waddeneilanden heffen toeristenbelasting. Die is over het algemeen bij de prijs van de accommodatie inbegrepen. Op Terschelling betaalt u deze belasting bij aanschaf van het veerbootkaartje. De belasting is een tegemoetkoming in de kosten die de verschillende gemeenten moeten maken ten behoeve van het toerisme.
Belasting per nacht: Ameland € 1,00, Schiermonnikoog € 1,22, Texel € 1,50, Vlieland € 1,25, Terschelling € 0,85.

Openingstijden

De openingstijden van banken, apotheken, postagentschappen, supermarkten en winkels verschillen per eiland. Sommige zijn maar een paar uren per dag of een paar dagen per week geopend. De actuele openingstijden kunt u bij de VVV's van de kleinere eilanden opvragen.
De basistijden van winkels en supermarkten in de zomer: van 9/10 uur tot 12 uur en van 14.30 tot 17/18 uur. Op Texel rinkelt de kassa in Den Burg op vrijdag tot 21 uur, in De Koog zijn veel winkels in de zomer tot 21 uur en ook op zondag (9.30 tot 13 uur) geopend. Ook op de andere eilanden zijn er in de zomer vaak koopzondagen. Op Terschelling zijn veel supermarkten van midden juni tot eind augustus open van maandag tot vrijdag tot 20 uur; op Ameland op vrijdag vaak tot nog later.

De waddenstranden behoren tot de meest geliefde plekken voor kitebuggy'ers

Praktische informatie

Reizen met een handicap

Inlichtingen over faciliteiten voor gehandicapten zijn verkrijgbaar bij de VVV's, die ook speciale brochures uitgeven. Zo nodig kan verpleegkundige hulp worden geregeld. Er zijn ook strandrolstoelen te huur, waarmee zonder probleem door ondiep water kan worden gereden.

Sport en activiteiten

Het aanbod van sportieve activiteiten op de Waddeneilanden is enorm. Hier worden de belangrijkste genoemd, maar er is nog veel meer mogelijk. U kunt bijvoorbeeld ook leren boogschieten, beachgolf spelen, kitebuggy'en, golfsurfen, raften ...

Fietsen

Op alle eilanden is een uitgebreid netwerk van fietspaden. De bekende ANWB-paddenstoelen wijzen de weg. Bij de VVV-kantoren zijn prima kaarten beschikbaar met suggesties voor vele toertochten met of zonder gids. Fietsverhuurders zijn er volop. De meeste bungalowparken, campings en hotels verhuren ook fietsen. Het is daarom niet nodig een eigen fiets mee te nemen.

Golf

Golfliefhebbers komen ook tijdens de vakantie op Texel en Ameland aan hun trekken.

Kanoën

Op Texel, Terschelling en Schiermonnikoog worden kanotochten over de

Sporthoogtepunten

Ameland/Nordic Walk: in april, 10, 15, 20 km, www.nordicwalkameland.com
Ameland/Beachvolleyball-toernooi: diverse momenten in juni/juli in Buren.
Ameland/Beach-Rugby-Festival: weekend half juni, internationaal toernooi, o.a. Open Nederlandse Kampioenschappen aan het strand, ook toeristen-toernooien, veel mogelijkheden. Informatie: www.beachrugby.nl
Schiermonnikoog/Concours Hippique: tweede woensdag juli, bekend ruitertoernooi, www.concoursschiermonnikoog.nl
Schiermonnikoog/Open Tenniskampioenschappen: laatste weekend van juli, iedereen tussen 8 en 80 jaar mag meedoen.
Schiermonnikoog/Monnikenloop: zaterdag in okt., over drie afstanden treden de lopers aan voor de wedstrijd, men loopt onder andere door de duinen.
Terschelling/HT-race: meestal op de vrijdag na Hemelvaart, de sloepen varen van Harlingen naar Terschelling (30 km). Op de zaterdag de Sagrita zeilsloepenrace vanuit West-Terschelling.
Terschelling/Berenloop: zondag in nov., marathon en halve marathon door duinen, bos, heide en strand, www.berenloopterschelling.nl
Texel/Nieuwjaarsduik: 1 januari 13.00 uur, bij verschillende strandafslagen
Texel/Lammetjeswandeling: Pinksteren, 5, 10, 15, 25, 40 km, www.hetgoudenboltje.nl
Texel/Ronde om Texel: weekend in juni, de grootste, drukbezochte catamaranwedstrijd ter wereld, www.roundtexel.com
Vlieland/Halve Marathon Stortemelk: eerste zondag in aug., start bij camping De Lange Paal, ook 10-, 5,5-, 2-km mogelijk, www.halvemarathonvlieland.nl
Vlieland/Nieuwjaarscuik: 1 januari 13.00 uur, bij Strandhotel Seeduyn

Praktische informatie

Noord- en Waddenzee georganiseerd. Men geeft er ook cursussen.

Paardrijden

Op alle eilanden zijn er speciaal gemarkeerde ruiterpaden. Ook strandtochten langs de vloedlijn zijn mogelijk. Maneges geven paardrijlessen en bieden georganiseerde paardrijdtochten aan. Voor de kleine ruiters zijn er pony's en speciale lessen.

Parachutespringen

Dit is mogelijk op Texel en Ameland bij het paracentrum op het vliegveld.

Tennis

De meeste tennisbanen zijn eigendom van hotels. Vroegtijdig reserveren!

Vissen

Op zee, aan het strand en de dijk is vissen zonder vergunning toegestaan. Per persoon mag er dan maximaal met twee hengels worden gevist. Wie aan het strand wil vissen, doet dit bij voorkeur buiten de bewaakte strandvakken. Voor binnenwater is een visvergunning vereist. Vanaf ieder eiland vertrekken viskotters voor vistochten op zee.

Wadlopen

Een geweldige manier om de elementen te ervaren. Alleen onder begeleiding van een gids. Informatie bij de VVV.

Wandelen

Wandelliefhebbers komen hier volop aan hun trekken. Of het nu gaat om een rondwandeling, een dagtocht of een meerdaagse trektocht. Op alle eilanden zijn bovendien wandelroutes uitgezet. Informatie bij de VVV.

Wellness

Liefhebbers van wellness kunnen ook op de eilanden terecht. Daarvoor moet u meestal naar de grotere hotels, die hun sauna- en beautyfaciliteiten vaak openstellen voor niet-gasten. U kunt vaak ook online een arrangement boeken in de schoonheids- en wellnesssalons, spa- en massagecentra of sauna's. Vanzelfsprekend kunt u ook een compleet wellnesspakket boeken bij uw hotelboeking.

Windsurfen, powerkiten ...

De verfrissende zeewind schept voor surfers het ideale surfklimaat. Op de eilanden worden alle sporten beoefend

---

Tips voor zwemmers: het levensritme wordt aan de kust bepaald door de steeds wisselende getijden. Tabellen met de hoog- en laagwaterstanden worden in de regionale pers vermeld, hangen bij de VVV-kantoren en worden daar ook in foldervorm aan bezoekers verstrekt. Aan de bewaakte stranden staan ze op een prikbord of op schoolborden aangegeven, vaak samen met de temperaturen van de lucht en het zeewater. De getijden worden veroorzaakt door een combinatie van de middelpuntvliedende kracht van de aarde en de aantrekkingskracht van de zon en de maan. Voor veilig zwemmen moeten enkele regels in acht worden genomen: bij voorkeur gaat u de zee in bij opkomend water, dus bij vloed. Zwemmen bij harde wind of bij afgaand water, dus bij eb, is door de stroming gevaarlijk. Luchtbedden, zwembanden en dergelijke zijn op geen enkel strand op de Waddeneilanden toegestaan. Door de stroming kunt u hiermee te snel afdrijven. Men moet ook nooit te water gaan in de nabijheid van pieren, golfbrekers, dammen en havenhoofden; houd een veilige afstand van minstens 40 m aan.

Praktische informatie

Veiligheid en noodgevallen

Natuurlijk kunt u ook op de Waddeneilanden beter niet al te goed van vertrouwen zijn. Laat waardevolle bezittingen niet achteloos rondslingeren. Laat ze ook niet zichtbaar achter in uw auto of accomodatie.
Overdreven voorzichtigheid is hier echter niet noodzakelijk. De gewoonte van veel eilanders, om hun deuren bij het verlaten van hun huis niet eens af te sluiten, is een duidelijke indicatie dat de Waddeneilanden niet echt 'onveilig' zijn …

Belangrijke telefoonnummers
Brandweer: 112
Politie: 112
Ambulance: 112
Pech onderweg: 088-269 28 88 (wegenwacht)

---

waar wind bij nodig is – en daaraan is maar zelden gebrek. Op alle eilanden staan outdoorcenters klaar met een gevarieerd programma. Het is wel verstandig om vooraf de prijzen te controleren.

Wintersport

Als het een beetje stevig vriest zijn de eilanders op de ijsbaan te vinden. Zoals in heel Noord-Nederland is schaatsen in de winter volkssport nummer één.
Op de eilanden zijn er fietsverhuurders die dan ook schaatsen aanbieden. Wanneer er sneeuw ligt, kan men ook langlaufen.

Zeilen en catamaranzeilen

De Waddeneilanden beschikken over goed uitgeruste jachthavens. Wie geen eigen boot heeft, kan aanmonsteren voor een meerdaagse tocht bij bijvoorbeeld een van de vele historische zeilschepen. Op Texel en Ameland kunt u zich inschrijven voor een cursus catamaranzeilen.

Zwemmen

Kilometerslange kindvriendelijke goudgele zandstranden zijn het kapitaal van de Waddeneilanden. In het hoogseizoen zijn op alle eilanden wel bewaakte stranden. Dat is met de sterke stromingen geen overbodige luxe. Bij afgaand water kan men beter afzien van een verfrissende duik. Bij strandovergangen waarschuwen borden u voor gevaarlijk zwemwater. Vlaggen duiden badgasten of zwemmen is toegestaan. Een rode vlag betekent verboden te zwemmen. Groen wil zeggen dat zwemmen is toegestaan. Zwembanden of luchtbedden mogen niet in het water worden gebruikt.
Naaktrecreatie is op Vlieland, Schiermonnikoog en Terschelling overal toegestaan buiten de bewaakte stranden. Op Texel zijn speciale naaktstranden aangewezen. Naaktrecreatie is op Ameland verboden.
Strandhuisjes (kleine praktische houten huisjes) met ligstoelen en zonneschermen zijn bij bewaakte stranden te huur.
Zwembaden staan in deze gids aangegeven bij de informatie over de verschillende eilanden.

Telefoon en internet

Op de Waddeneilanden zult u, net als in de rest van Nederland, op diverse plaatsen telefooncellen aantreffen. De telefooncellen zijn bijna uitsluitend uit-

Praktische informatie

gerust met kaarttelefoons. In sommige cafés, hotels en restaurants zult u ook betaaltelefoons aantreffen.

Internet: Op alle vijf de eilanden zijn internetcafés te vinden. Bijvoorbeeld op Texel (De Koog), Ameland (Nes), Schiermonnikoog (Dorp) en Vlieland (Dorp). Ga op Terschelling (West) naar de bibliotheek.

Vervoermiddelen

Met bus en taxi

Op alle eilanden worden busdiensten van en naar de veerboot verzorgd. Schiermonnikoog gebruikt hiervoor twee historische bussen. De bustijden sluiten altijd aan op de tijden van de veerboot. Houd er wel rekening mee dat de bussen ruim voor vertrek van de boot al richting haven rijden.

Naast bussen rijden er ook taxi's die u comfortabel naar uw vakantieadres – en terug – kunnen brengen. Sommige hotels halen of brengen u als extra service zelfs met eigen vervoer.

Bent u gast van camping Stortemelk op Vlieland, dan wacht er desgewenst bijzonder vervoer voor uw koffers, tent en andere bagage: een paard en wagen.

Met de auto

Bezoekers van Vlieland en Schiermonnikoog moeten hun auto in de veerhaven achterlaten (zie bij de betreffende eilanden). Op de andere eilanden mag u wel uw eigen motorvoertuigen meenemen.

Verkeersregels: De maximumsnelheid bedraagt 50 km/u in de bebouwde kom en 80 km/u op de wegen erbuiten. .

Met de fiets

Ondanks dat u op Texel, Terschelling en Ameland de auto mee mag nemen, is het ook hier aan te raden om deze op het vasteland achter te laten. Eenmaal op het eiland is de fiets *het* vervoermiddel om het eiland te ontdekken. Op alle eilanden kunt u in de directe omgeving van de veerhaven – soms op de veerdam zelf al – een fiets huren. Maar ook in de dorpen zult u veel fietsverhuurders tegenkomen. Over het algemeen heeft men relatief nieuwe fietsen in de verhuur, bijna altijd met versnellingen – geen overbodige luxe als u door de duinen wilt fietsen. Voor de liefhebbers zijn er soms ATB's, tandems, ligfietsen of bakfietsen te huur. Ook voor het vervoer van kinderen heeft men alles in huis.

Duurzaam reizen

Het milieu beschermen, de lokale economie stimuleren, leuke mensen ontmoeten, leren van elkaar – duurzaam toerisme krijgt een steeds belangrijker plaats in de samenleving, al zou dat best wat sneller mogen gaan. Ruim de helft van de Nederlanders kon in 2010 niet omschrijven wat duurzaam toerisme voor hem of haar betekent.

Op verscheidene websites is te lezen wat de ontwikkelingen in duurzaam toerisme zijn en hoe je als reiziger kunt bijdragen aan het behoud van de leefomgeving. De site www.duurzaam-reizen.nl geeft veel achtergrondinformatie over wat reizen duurzaam of minder duurzaam maakt. Of kijk bijvoorbeeld op www.clubgreen.nl/vraag/duurzaam-toerisme, www.greenleave.nl of op de website van het tijdschrift Ode (www.odemagazine.com).

Op www.waddengoud.nl kunt u veel informatie vinden over producten die op een duurzame manier worden geproduceerd en verhandeld op de wadden. Bekend zijn de cranberries en schapenproducten, maar er is veel meer.

Onderweg op de Waddeneilanden

'De rust die Texel uitstraalt, maakt mijn hoofd schoon,' zegt de Amsterdamse journalist Frits van Exter, 'het leven lijkt er ineens zo overzichtelijk.' En het klopt dat de eilanden hun bezoekers ontslaan van alle verplichtingen om grote beslissingen te nemen. Even kijken of de zee er nog steeds is, een strandwandeling, schelpen zoeken, een stukje door de duinen lopen of fietsen door het bos, pannenkoeken eten in het strandpaviljoen … Kortom: op de Waddeneilanden leert u weer rustig ademhalen.

Texel

Van de vijf bewoonde Waddeneilanden is Texel (spreek uit als *Tessel*) veruit het grootste (25 km lang, max. 8 km breed), het eenvoudigst te bereiken en het drukst bezocht. Het scala aan activiteiten is zowel 's zomers als buiten het seizoen schijnbaar eindeloos. En wie onderdak heeft buiten De Koog en Den Burg kan de drukte prima omzeilen en dankzij het 135 km lange netwerk van fietspaden en de vele wandelroutes van de natuurgebieden genieten.

De beschermde natuurgebieden maken met 68 km² meer dan de helft van het hele eiland uit. Aan de westkant wordt het eiland van noord naar zuid tegen de golven van de Noordzee beschermd door een honderden meters brede duinketen. Ook in het westen liggen wetlands, kleine meertjes, heidevelden en een uitgestrekt stuk bos. In het oosten van Texel hangt het vogelbroedgebied De Schorren, een buitendijks zoutmoeras met unieke vegetatie, als een pukkel aan het eiland. In het zuiden en westen bevinden zich nog meer broedplaatsen. Het Texelse landschap is veelzijdig en het eiland wordt ook wel 'Nederland in het klein' genoemd omdat veel verschillende verschijningsvormen van het Hollandse landschap hier vertegenwoordigd zijn.

Wie net op het eiland aankomt, krijgt een heel landelijke indruk van Texel – grote hotels of uitgaanscentra zijn dan nog in geen velden of wegen te bekennen. De rit naar een van de zeven dorpen voert door weilanden, maïsvelden en akkers die van de lente tot de vroege zomer in een gele, lila, rode of witte gloed gehuld zijn. Ze behoren tot de grootste bevolkingsgroep van Texel, en waar gras groeit zijn ze altijd in de buurt – de schapen. Ook op de dijken wemelt het van deze dieren, waarvan er op Texel 16.000 leven; elk voorjaar worden er 20.000 lammeren geboren. En dat tegenover een menselijk bevolkingsaantal van 14.000!

Texel verdient goed aan het toerisme, maar traditionele economische pijlers zoals de akkerbouw, visserij en bollenteelt zijn altijd gekoesterd gebleven. De zee zorgt al eeuwen voor inkomsten. In de 15e eeuw had Texel al een haven, die loodsen en proviandverzorgers werk verschafte. Vier eeuwen later, in de 19e eeuw, waren het de walvis- en oestervangst die de vissers van hun inkomsten voorzagen.

Den Hoorn ▶ Kaart 2, D 13

Den Hoorn, dat al van verre te herkennen is aan het kleine kerkje met zijn slanke witte toren, is met name in het voorjaar, als het dorp omringd wordt door een zee van narcissen en tulpen, een geliefd onderwerp om te fotograferen. Tot in de 19e eeuw stond het kerkje (tel. 0221 31 92 36, half juni-half sept., herfstvakantie do. 14-16 uur) in het hart van het, in 1398 op de terp 't Klif gestichte, zuidelijkste dorp van het eiland.

Toen de bronnen van inkomsten die het eiland in de Gouden Eeuw welvaart brachten opdroogden, raakte het dorp langzaam in verval. Veel huizen wer-

Den Hoorn

den afgebroken. Dat verklaart waarom het kerkje nu vóór in plaats van ín het dorp staat.

In het hart van Den Hoorn (bijna 1000 inw.) herinneren drie in stijl gerestaureerde **loodshuizen** aan de Herenstraat aan wat vroeger het belangrijkste beroep van het dorp was.

Rijtjes liefdevol opgeknapte oude huizen met groene houten gevels omzomen de **Klif** en de **Herenstraat**. Het uitgaansleven concentreert zich hier. De sfeer is er gemoedelijk en rustig.

Het toerisme heeft hier gelukkig maar beperkte invloed gehad, waardoor het dorp heel geschikt is voor wie rust zoekt. Wie een zwak heeft voor culinaire geneugten, kan in Den Hoorn heerlijk eten in een van de vele restaurantjes. Bovendien heeft Texel de titel 'cultuurdorp' van Texel verdiend.

Overnachten

Pure verwennerij – **Bij Jef:** Herenstraat 34, tel. 0222 31 96 23, www.bijjef.nl, 2pk vanaf € 195. In het oude parochiehuis in de dorpskern is nu een klein maar fijn hotel met negen eenvoudige doch stijlvolle kamers ondergebracht; met restaurant (zie onder Eten en drinken); terras.

Midden in het dorp – **Loodsman's Welvaren:** Herenstraat 12, tel. 0222 31 92 28, www.welvaarttexel.nl, 2pk vanaf € 90. Mooie, meer dan tweehonderd jaar oude herberg in het hart van het dorp. Met smaak ingerichte moderne suites voor drie of meer personen, twaalf tweepersoonskamers (douche/bad, wc). Pub en bistro, sauna, terras, fietsverhuur.

Aan de rand van het dorp – **Op Diek:** Diek 10, tel. 0222 31 92 62, www.opdiek.nl, 2pk vanaf € 82. Gezellig hotel aan de rand van het dorp in een voormalige boerderij met rieten dak. Tien lichte kamers (douche of bad, wc), bar, ontbijtbuffet en terras op het zuiden.

Goed uitgerust – **Camping Loodsmansduin:** Rommelpot 19, tel. 0222 31 72 08, www.texelcampings.nl, eind mrt.-eind okt. Op één na grootste camping van het eiland, beschut gelegen in de duinen tussen dorp en strand. Met supermarkt, restaurant, zwembad; kajakcentrum op het terrein; voor gezinnen, groepen en jongeren. Er is een afgezonderd gedeelte voor naturisten. Hier worden ook mooie **Wandelhutten** (€ 42 per nacht) en hippe **Yurts** (www.texelyurts.nl) verhuurd.

Eten en drinken

Uitgelezen – **Culinaire Verwennerij Bij Jef:** voor adres, zie onder Overnachten, wo.-zo. vanaf 18 uur, hoofdgerecht vanaf € 40, 4 à 7-gangenmenu € 65-90. Stijlvol restaurant met bekroonde keuken. Gasten genieten op comfortabele leren stoelen van de verfijnde Franse en mediterrane gerechten, naar keuze à la carte of in een menu. Er is aan de achterkant ook een mooi terras.

Op de planken – **Theater-Restaurant Klif 12:** Klif 12, tel. 0222 31 96 33, www.klif12.nl, Diner Cabaret apr.-okt. wo., vr., za., nov.-mrt. za., hoofdgerecht € 18, theatermenu € 25, In een zeer mooi gerestaureerde boerenschuur kruidt het personeel van het theater-restaurant zijn à-la-cartegerechten met een cabaretprogramma. Tijdens het cabaretdiner kan de ober opeens cabaretier worden, samen met de afwasser of de kok. Regelmatig zijn er optredens van bekende cabaretiers en kleinkunstenaars.

Gezellig en lekker – **Café-Eethuis Klif 23:** Klif 23, tel. 0222 31 95 15, www.klif23.nl, di.-zo. vanaf 11 uur, hoofdgerecht vanaf € 11, pizza, pannenkoek vanaf € 6. In het knusse oude pand worden onder meer 125 soorten pannenkoeken, lamsvlees- en visspecialiteiten geserveerd. Aanrader: stoofpotjes. Er worden veel eilandproducten gebruikt. Wintertuin en zonneterras.

Texel

Winkelen

Biologisch-dynamisch – Novalishoeve: Hoornderweg 46, tel. 0222 31 94 82, www.novalishoeve.nl, di.-za. 10.30-16 uur. Deze boerenhoeve biedt meer dan 140 producten van eigen fabrikaat aan in de bijbehorende winkel. Het aanbod bestaat uit melkproducten, zoals de Texelse boerenkaas, en aardappelen, brood, marmelade, wijn en cosmetica zoals crèmes en zeep.

Uitgaan

Meer dan 1500 whisky's – Bar Restaurant Het Kompas: Herenstraat 7, tel. 0222 31 93 60, www.whiskybarplaza.nl, dag. 16-22 uur, menu ca. € 45. In de stijlvolle ambiance van dit kleinste restaurant van het eiland (22 zitplaatsen; reserveren noodzakelijk!) heeft men naast een menukaart ook kaarten voor muziek, wijn en whisky. Wat de passie van de eigenaar is, is in één oogopslag te zien, want er is keuze uit 1600 Schotse single malt whisky's en 65 Ierse whisky's. Verder zijn er buitengewoon smakelijke schotels van lam, duinkonijn en vis.

Sport en activiteiten

Strand – zeer breed strand met fijn zand. Kindvriendelijk. Bij paal 9, 12 en 15 bewaakt (juni-begin sept.; bij paal 9 het hele jaar een zeer goed **strandpaviljoen**, www.paal9.nl; kiosk, verhuur van parasols en windschermen, ligstoelen, body boards, strandhuisjes). Ca. 500 m ten zuiden van paal 9 **naturistentrand**. **Windsurfen/surfen –** toegestaan buiten de bewaakte stranden.
Zeekajak – Seamount Tracks Zeekajak & Outdoor Centrum: Rommelpot 19 (Camping Loodsmansduin), www.seamount.nl, mrt.-nov. een- en meerdaagse cursussen; ook excursies.
Fietsverhuur – Vermeulen: Herenstraat 69 en aan de veerhaven, Pontweg 1 en 2 (hier ook **solexen** te huur, www.solextexel.nl).
Fietsen – Bloembollenroute: de zuidelijke, 34 km lange bloembollenroute begint bij de veerhaven. Hij voert langs de uitgestrekte narcissen- en tulpenvelden. Routebeschrijving: www.texel.net. **'ATB-route':** een van de beste mountainbikeroutes in Nederland. Start: parkeerplaats Turfveld, Westerslag.
Wandelen – Geschikte beginpunten zijn de parkeerplaatsen bij Hoornderslag en Mokweg. **Wandelpaden** zijn gemarkeerd met gekleurde paaltjes. De groene route is tussen mrt. en half aug. niet toegankelijk. **Texelpad:** ca. 80 km

Ze zien er niet alleen leuk uit, ze zijn ook heel praktisch: de strandhuisjes bij Den Hoorn

wandeling rondom Texel met geel-rode markering. Start: 't Hoorntje (veerhaven), www.texel.net.

Handwerkcentrum – **Landgoed De Bonte Belevenis:** Rommelpot 11, tel. 0222 31 41 80, www.landgoeddebontebelevenis.nl, half feb.-half nov., di.-do., ca. 10-17 uur, in de vakanties zie website; € 5. Demonstratie van ambachten zoals bakker en bierbrouwer. Verder speeltuin, minigolf, kinderboerderij, boomgaard en insectentuin. Met cafetaria en picknickveld.

In de buurt

Duinmeren, horsmeertjes en De Geul (▶ Kaart 2, D 13): Vertrekpunt voor wandelingen is de 2,5 km ten zuiden van Den Hoorn gelegen parkeerplaats aan de Mokweg. Inlichtingen over wandelingen met gids bij Ecomare (zie blz. 37). Het uitkijkpunt aan de Mokweg biedt zicht op De Geul en de daar broedende lepelaars. Ook van het uitkijkpunt bij de horsmeertjes kunt u de vogelwereld in al zijn pracht zien. In mei omzomen vele orchideeën de nog jonge horsmeertjes, terwijl zilvermeeuwen in het riet langs de oevers hun kleintjes grootbrengen. In de late zomer eten de zangvogels zich vol van de bessen van de duindoorn-, vlierbes- en bramenstruiken.

In de nabije **Mokbaai** (▶ Kaart 2, D 13), een afwisselend gebied van slikken en zoute kwelders, leven veel eenden en waadvogels.

Informatie

Bus: lijn 29 vanaf de veerhaven
Toeristendagkaart Texel: 1 dag geldig, voor alle buslijnen (ma.-vr. vanaf 9 uur, za., zo. onbegrensd) € 4, verkrijgbaar bij de buschauffeur, al geldig vanaf station Den Helder (lijn 33).
Nieuwjaarsduik: o.a. bij paal 9.
Broadway – Woonkamertheater Festival: Pinksteren. Meer dan 25 families veranderen hun woonkamer in een minitheater. Voor twintig tot zestig toeschouwers.
Klifhanger – kunstroute: Pinksteren (om de twee jaar, 2011, 2013, 2015 etc.), www.klifhanger.nl. Overal in het dorp zijn kunstwerken te zien die iets met de locatie te maken hebben. De meeste werken blijven tot 10 juli.
Hoornder Donderdag: in juli / aug. donderdags vanaf 19 uur braderie. Er worden onder andere oude ambachten getoond.
Texel Halve Marathon: sept. Spectaculaire massastart vanaf het veer. De halve marathon eindigt in Den Burg; www.texelhalvemarathon.nl.

De Koog ▶ Kaart 2, D 11/12

Dit halverwege het eiland gelegen en slechts door twee duinrijen van het strand gescheiden dorp (bijna 1400 inw.) is onbetwist hét toeristisch centrum op Texel. De Koog kan zich laten voorstaan op een schitterende ligging, ingebed tussen het bos, de duinen en het strand. Het verkeersluwe uitgaanscentrum, de Dorpsstraat, biedt alles wat de vakantieganger zich kan wensen. De straat is het hart van amusementscentrum De Koog, dat beslist niet alleen jongeren aanspreekt. 's Zomers is het hier een bonte drukte, maar niemand zal zich er in dat seizoen vervelen; 's winters ligt de Dorpsstraat er echter verlaten bij. Alleen de mooie kleine kerk (1719) met zijn witte houten torentje en de huizen daar omheen verraden dat De Koog ooit voor andere doeleinden dan het toerisme werd gebouwd: al eeuwen voor de komst van de gasten was het een florerend vissersdorp.

Ecomare ❶ blz. 37.

Overnachten

In de buitenste duinen – **Strandhotel Noordzee:** Badweg 200, tel. 0222 31 73 65,

Texel

www.noordzee.nu, 2pk vanaf € 145, suites vanaf € 650 per week. Ruime tweepersoonskamers (bad, douche, wc) en suites, deels met uitzicht op zee. Terras, wintertuin-restaurant, lekkere vis- en lamsgerechten vanaf € 16.

Centraal gelegen en ruim – Hotel Greenside: Stappeland 6, tel. 0222 32 72 22, www.hotelgreenside.nl, 2pk vanaf € 125. Vriendelijk, modern viersterrencomplex met 49 ruime tweepersoonskamers (32–45 m²; balkon/terras; bad/douche, wc) aan de rand van het dorp, slechts 600 m lopen naar het strand. Goed restaurant (gerechten vanaf € 18) en grand café. Turks stoombad, sauna, hydrojet, fietsverhuur.

Landelijk gelegen – Landgoed Hotel Tatenhove: Bosrandweg 202, tel. 0222 31 72 74, www.hoteltatenhove.nl, 2pk vanaf € 100. Erg mooi, landelijk gelegen hotel met weids uitzicht en grote tuin, in de buurt een manege en een zwembad; 1 km vanaf het strand; gezamenlijke ruimte met open haard. Uitstekende keuken (halfpensiontoeslag € 12,50), goed uitgeruste kamers (bad, wc). Bijna alle kamers met balkon of terras. Sauna, jacuzzi, zonnebank.

Wellness in de duinen – Grand Hotel Opduin: Ruijslaan 22, tel. 0222 31 74 45, www.opduin.nl, 90, suites vanaf € 270. Het viersterrenhotel ligt aan de rand van het dorp, tegen het bos aan en in de duinen; met uitzicht op strand en zee. Zeer ruime kamers (sommige met balkon), alle soorten van comfort, met beauty- en wellnessresort Beau Rivage, ruim recreatief aanbod, onder meer zwembad, sauna, zonnebank. Twee toprestaurants met Texelse en internationale specialiteiten (De Heeren XVII, hoofdgerecht vanaf € 31,50, gepaste kleding; Opduin: driegangenmenu € 34,50) en een brasserie (hoofdgerecht vanaf € 16,50).

Duinidylle – Texelcamping Kogerstrand: Badweg 33, tel. 0222 31 72 08, www.texelcampings.nl, apr.-eind okt. Deze grote en mooie camping ligt idyllisch, rustig en beschut tegen weer en wind in de duinengordel, tussen het dorp en het strand. Het terrein is met name geschikt voor gezinnen, jongeren en grotere groepen. In de zomer met animatieprogramma.

Eten en drinken

Zie ook bij Overnachten: **Strandhotel Noordzee**, **Hotel Greenside** en **Grand Hotel Opduin**.

Frisse wind in de keuken – De Taveerne: Dorpsstraat 119-121, tel. 0222 31 75 85, www.taveernetexel.nl, wo.-zo. vanaf 17 uur, gerecht vanaf € 20, driegangenmenu € 32,50. Onder regie van chef Valentijn is dit restaurant echt weer een aanrader geworden. Met uitsluitend dagverse producten, een wekelijks wisselende kaart en onder meer uitgelezen lams- en visgerechten en wildgerechten van het seizoen.

Goede streekproducten – Quinty's Dorpsstraat 147, tel. 0222 31 74 72, www.quintystexel.nl, dag. vanaf 11.30 uur, hoofdgerecht vanaf € 17, driegangenmenu € 26,50. Licht, vriendelijk ingericht restaurant met speelhoek en oud-Texelse gastenkamer. Texelse, mediterrane en Mexicaanse seizoenskeuken met lokale producten.

Vis voor en na – Viscentrum van Beek: Dorpsstraat 109, tel. 0222 31 73 30, half mrt.-eind okt. ma.-za., snacks vanaf € 4. Verse gerookte en gebakken vis (heerlijke kibbeling). Ook belegde broodjes met vis in allerlei soorten.

Winkelen

Lekker gebak – Timmer: Dorpsstraat 90, tel. 0222 31 32 02, www.bakkertimmer.nl, mei-eind okt. ook zo., filialen in Oudeschild en Den Burg. Specialiteiten zijn: honing-, peper- en kruidkoek, 'korstjes' met gember, speculaas, hoornderring.

1 Met dank aan de zeehonden – zestig jaar Ecomare

Kaart: ▶ Kaart 2, D 12
Ligging: bijna 3 km ten zuiden van De Koog aan de duinrand

De sterren in dit centrum voor de Waddenzee en Noordzee zijn als vanouds de zeehonden, voor wie Ecomare indertijd is opgericht. Het begon met een schuur, en is nu een uitgebreid complex met drie vaste en een wisselende tentoonstelling, een enorm zeeaquarium, een vogelopvangstation en een aangrenzend duinpark. En als u wilt, kunt u zelfs een zeehond adopteren!

Aantrekkelijk en spannend – zo kan een museum ook zijn! **Ecomare** 1, het centrum voor de Waddenzee en de Noordzee, is het overtuigende bewijs. Het natuurmuseum informeert met drie vaste tentoonstellingen en een wisselende expositie over het ontstaan en de ontwikkeling van de eilanden, Waddenzee en Noordzee, de flora en fauna en het leven en werken van de eilanders door de eeuwen heen. Interactief, verrassend en op een leuke manier spannend.

Roggen, kwallen en zeesterren

Een echte trekker is de onderaardse **Waterzaal** met visvijvers, aaibassins en informatie over alles in en om het water. Wilt u eens een rog aaien? Hij glinstert mooi, maar evengoed is het een beetje spannend. De nieuwste bewoners zijn de ongeveer dertig kwallen, die van het voorjaar tot de herfst overal aan de stranden van de Noordzee te vinden zijn. Het zijn niet de meest geliefde zeebewoners. Maar in een speciaal aquarium worden deze dieren in een geheel nieuw licht gezet.

Dierlijke sterren

Ecomare is ook een **vogelopvangstation**. Gewonde en met olie besmeurde dieren worden hier verzorgd. Maar de sterren van Ecomare zijn de zeehonden.

Texel

Wie wil, mag de handen in het water steken: het aaien van de vissen is toegestaan

Het hoogtepunt is het voeren van die dieren, om 11 en 15 uur. Wie Ecomare in zijn huidige vorm ziet, kan nauwelijks geloven dat het eerste Nederlandse zeehondenopvangstation hier begon in een schuur, begin 1952. Behalve zieke en verzwakte dieren worden er ook de zogenaamde 'huilers' opgevangen, jonge zeehonden die hun moeder kwijt zijn geraakt. Dagelijks voert men enorme hoeveelheden vis aan. Elk dier verzwelgt er maar liefst drie tot vijf kilo van. Voor een aantal oudere dieren is het centrum een tweede thuis. Dat zijn er ongeveer twintig. Ze voelen zich hier prima, dat bewijst het jaarlijks constante aantal van tien tot twaalf zeehondenbaby's dat hier geboren wordt. Eind juni, begin juli bevallen de zeehondendames en ze verzorgen hun jongen met vetromige moedermelk. Overigens: de dieren hebben geen enkele moeite met een dutje van een half uurtje onder water en glijden daar met een gangetje van 30 km per uur naar toe.

Vandaag de dag leven er ongeveer 1200 zeehonden in de Nederlandse Waddenzee. Als de kwaliteit van het water verbeterde en ze meer rust zouden krijgen zouden het er nog wel tienmaal zoveel kunnen zijn. Vanaf € 4 kunt u trouwens zelf een zeehond adopteren.

Keuze te over ...

Ecomare heeft nog veel meer te bieden. U moet beslissen of u het binnen- of buitengedeelte wilt gaan zien. Of dat u er meteen een hele dag voor reserveert. In de tentoonstelling **Zicht op de zee** ervaart u bijvoorbeeld wat er omgaat op de Noordzee, de transporten die hier passeren, en hoe, hoeveel en wat voor vervuiling in de zee terechtkomt. Onder het thema **Leven op een eiland** leren we alles over de geschiedenis van Texel, kunnen we een mega-eilandpuzzel leg-

> **Overigens:** het **natuurpad Alloo** is ook geschikt voor blinden, slechtzienden en mensen in een rolstoel (beginpunt bijv. bij Ecomare). Deze 4,5 km lange route (te verkorten tot 2,7 km) leidt u door bos, duinen en het gebied van het voormalige duinmeer Alloo, dat inmiddels is gekrompen tot een kleine vijver. U komt langs vogelbroedgebieden, het standbeeld van natuuronderzoeker Jac. P. Thijsse en de **Vlindertuin** [2] van het **Maartenhuis**, waar de planten een bijzondere aantrekkingskracht hebben voor de fladderaars (Ruyslaan 81, ma.-vr. 14-16.30 uur; half mei-half sept, di. met rondleiding, kinderactiviteiten, café).

Zestig jaar Ecomare

gen of de toekomst uittekenen. Bij het aansluitende **bezoekerscentrum** van het **Nationale Park Duinen van Texel** is onder meer en reusachtige muurstrip te 'lezen' over het ontstaan van de duinen. En wie eens een vertrouwelijk onderonsje wil hebben met een schuwe lepelaar, zit hier ook goed.

Onderweg in de duinen

In het 70 ha grote **duinenpark** wachten drie routes (1 tot 3,5 km) op de bezoekers. Wie wil, kan met een picknickmand neerstrijken bij een van de picknicktafels in het gebied, of later het eigen **restaurant** bezoeken. En dan hebt u nog de enorme modellen van zeebewoners tegoed, en het uitzichtspunt in het heuvelachtige landschap. En de kleine bezoekers kunnen de speciale **leerspeelplaats** uitproberen. En als dat nog niet genoeg is: informeer naar de wandelingen, waddenwandelingen en fietstochten van Ecomare.

- - -

Adressen en openingstijden

Ecomare/Bezoekerscentrum Nationaal Park Duinen van Texel [1]: Ruyslaan 92, tel. 0222 31 77 41, www.ecomare.nl, dag. 9-17 uur, € 9; Veel excursies, zelfbedieningsrestaurant.

In de buurt

Op een 100 jaar oude boerderij is een indrukwekkende juttersverzameling bijeengebracht in **Schipbreuk- en Juttersmuseum Flora** [3], afkomstig van meer dan zeventig jaar strandjutten. Boeien, delen van schepen, reddingsbanden, ankers, touwen, etc. (Pontweg 141, tel. 0222 32 12 30, www.juttersflora.nl, ma.-za. 10-17 uur, € 4, warme drankjes te verkrijgen).

Ontspannen uit eten

Goede seizoenskeuken direct aan het strand: **Strandpaviljoen De Zeester** [1] (tel. 0222 31 76 14, www.paal17.com, openingstijden zie website, met groot terras en kiosk. Gerechten vanaf € 18.) Ook ideaal voor gezinnen met kinderen: **Catharinahoeve** [2] en **De Worsteltent** [3]. De restaurants zijn ondergebracht in oude boerderijen en binnen en buiten is er veel ruimte om te spelen. (Catharinahoeve: Rozendijk 17, tel. 0222 31 21 56, www.catharinahoeve-texel.nl, goede streek- en regionale keuken, vanaf € 14, kinderactiviteiten; **De Worsteltent**: Smitsweg 6, tel. 0222 31 02 88, uitgelezen creatieve keuken, vanaf € 16, 's zomers vanaf 14 uur livemuziek, ook prettig **Hotel De 14 Sterren**, www.14sterren.nl, 2pk vanaf € 1200). Alle gelegenheden hebben ook snacks en pannenkoeken (vanaf € 4).

Actief aan het strand

Bij Paal 17 vindt u naast **Surfschool Ozlines** [1] (www.ozlines.com) ook **Zandbank Texel** [2] (www.actiefoptexel.nl), waar u kunt strandzeilen, powerkiten, zeekajakken en zeekanoën, kitebuggy'en en kustraften. De bijpassende uitrusting vindt u bij **Beach active** [1] (www.beachactive.nl).

Texel

Leuke vlooienmarkt – Kofferbakmarkt: op de parkeerplaats voor het zwembad, tel. 0222 31 76 52, mei-okt. diverse data, 9-13 ur.

Kriskrasmarkt – Braderie: Dorpsstraat/ Nikadel, juli/aug. di. 12-19 uur. Met muziekkartiesten en vermaak voor kinderen.

Weekmarkt – in de zomer op dinsdag.

Uitgaan

Amusementsmijl Dorpsstraat – Aan het begin van de Dorpsstraat ligt Disco **De Toekomst** (nr. 22, www.toekomst texel.nl, 's zomers dag. vanaf 22.30 uur) met licht-, laser en videoshow; iets verderop cocktailbar **Talk of the Town** (nr. 74, www.talktexel.nl), het gezellige **Café De Kuip** (nr. 75, livemuziek, biljart, darts) en op nr. 146 **Brasserie SamSam** met onder andere muziek uit de *eighties* en *nineties*.

Een goed heenkomen – Borrelbus: vanaf Nikadel (Lidl). Al om 3.45 uur naar Den Burg, De Waal, Oosterend Oudeschild, € 3. Bus voor nachtbrakers.

Sport en activiteiten

Strand – Breed strand met fijn zand, kindvriendelijk. Bewaakt bij paal 17, 19, 20 en 21 (juni-begin sept.) Mooie strandpaviljoens waarvan sommige het hele jaar open zijn; soms met kiosk, winkel en verhuur van parasols, ligstoelen, windschermen, strandhuisjes.

Zwemparadijs – Calluna: Schumakersweg 3, zijweg 16, tel. 0222 31 78 88, www.zwemparadijscalluna.nl, in de vakantie dag. 12-20 uur, overige tijden zie website. Golfslagbad, whirlpools, sauna, Turks stoombad, zonnebank, bar, snackbar. Hoogtepunt: 85 m lange waterglijbaan; **midgetgolfbaan**.

Windsurfen/surfen – Toegestaan buiten de bewaakte delen van het strand. Surfschool Ozlines, zie blz. 39.

Zeilen – Toegestaan bij paal 15/17. Cursus en verhuur: **Catamaranzeilschool Westerslag:** op het strand bij paal 15, www.kzvwtexel.nl, half mei-half sept. en **Zandbank Texel**, zie blz. 39.

Fietsverhuur – O. a. **Bruining:** Nikadel 60; **Fiets Inn Texel:** Nikadel 75; **Kikkert:** Badweg 19.

Wandelen – Sommeltjespad voor kinderen: begin aan de Pelikaanweg, zijweg 14, 1,5 km lange bosweg met Texelse 'kobolden'.

Rijstal – Kikkert: www.manegekikkert.nl, en **Elzenhof:** www.manegeelzenhof.nl, allebei aan de Bosrandweg, zijweg 16. Ook strandexcursies.

Karting – Indoorkarting De Koog: 't Stappeland 2, www.kartingdekoog.nl, dag. 10-18/22 uur. Overdekte go-kartbaan, 2 **squashbanen**.

Huifkartocht – Jan Plezier: zie blz. 65.

Informatie en data

Internetcafé: Hotspot Texel, Badweg 3, www.hotspottexel.com

Bus: 26, 28, 827 ('s zomers) vanaf de veerhaven; dagkaart: zie blz. 35.

Nieuwjaarsduik: 14 uur, paal 20.

Island Samba: za. in juli. De beste Nederlandse dj's aan het strand.

Body & Brein Texel: weekend begin aug., sport en gezondheidsspektakel aan het strand. Ook workshops; www.bodyenbreintexel.nl

Tropical Sea Festival: Weekend eind aug. Soul en Caribische klanken, lekkere cocktails; www.tropicaltexel.nl

Texel Culinair: weekend in sept. Culinair feest, waarop de restaurants hun specialiteiten aanbieden bij marktkraampjes; www.texelculinair.nl

Den Burg ▶ Kaart 2, D/E 12

Den Burg is het grootste dorp van het eiland, met intussen circa 7000 inwoners. De ooit kleine nederzetting is in de loop der tijd uitgegroeid tot een druk bestuurs-, kantoor- en winkelcentrum (2 blz. 42).

Den Burg

Overnachten

Traditie – **De Lindeboom** [1]: zie blz. 45

Ook voor gezinnen – **Hotel-Brasserie Den Burg** [2]: Emmalaan 2-4, tel. 0222 31 21 06, www.hoteldenburg.nl, 2pk vanaf € 80. Met smaak ingerichte herberg – deels oudbouw, deels nieuwbouw – aan de rand van het dorp. Voor en achter twee terrassen, comfortabele kamers met bad/douche en wc, sommige ook met terras; geschikt voor gezinnen; sauna, solarium, ontbijtbuffet, brasserie en bar.

Ideale lokatie – **Fletcher Hotel-Restaurant Koogerend** [3]: Kogerstraat 94, tel. 0347 75 04 01, www.hotelkoogerend.nl, vanaf € 60. Gezellig huis met vriendelijke, eenvoudige kamers (sommige met bad/douche, wc, whirlpool). 300 m van het centrum; overvloedig ontbijtbuffet, met terras, tuin, bar, restaurant met goede keuken; wisselend driegangenmenu € 23.

Moderne jeugdherberg – **Stay-okay Texel** [4]: Haffelderweg 29, tel. 0222 31 54 41, www.stayokay.com/texel, mrt.-okt., verder weekenden en vakanties. vanaf € 24 pppn. Knusse herberg op loopafstand van het dorp. Twee-, vier- of zespersoonskamers met douche/wc. Veel spel- en sportmogelijkheden; bar en restaurant (geen lunch). Goede service.

Gezinsvriendelijk – **Vakantiepark De Koornaar** [5]: Grensweg 388, tel. 0222 31 29 31, www.koornaar.nl, apr.-okt. Goed uitgeruste camping aan de rand van het bos; 3,5 km naar Den Burg, 2,5 km naar het strand; met speel-, sportveld, kantine, waslokaal en fietsverhuur. Ook chalets te huur.

Eten en drinken

Er zijn diverse **snackbars**. Voor meer restaurants zie bij Overnachten.

Verrassende tapas – **'t Schoutenhuys** [1] (in De Lindeboom): zie blz. 45.

Met liefde gekookt – **Tessels Kwartier** [1]: Zwaanstraat 6, tel. 0222 32 22 14, www.tesselskwartier.nl, jan.-okt. do.-zo. vanaf 18 uur, gerecht vanaf € 17,50. Klein, gezellig restaurant bij het marktplein – niet bedoeld voor de snelle trek. Specialiteit: lamsschouder in saus met geroosterde knoflook. Tevens spareribs, visgerechten.

Lam, ribbetjes en lekker bier – **De Twaalf Balcken** [2]: Weverstraat 20, tel. 0222 31 26 81, www.12balcken.nl, ma.-do. 10-1.30, vr. 10-3, za. 10-4, zo. 17-1.30 uur, hoofdgerecht vanaf € 13. Typisch bruin café met een lange toog, onder de twaalf balken en in de wintertuin serveert men allerlei lamsschotels. Veel mensen komen hier ook 'alleen maar' aan de bar een biertje drinken.

Goede Texelse keuken – **Eetcafé Vincent** [3]: zie blz. 65.

Winkelen

[1] - [11] zie blz. 44, 45

Half maart tot eind okt. zijn veel winkels op **koopavond** en **koopzondag** langer geopend, vr. tot 21, zo. 12-17 uur. Adressen zie blz. 45.

Uitgaan

[1] - [3] zie blz. 45.

Dans – **J'elleboog** [4]: Kantoorstraat 11, www.jelleboog.nl, 's zomers dag. 21-3, anders ma.-za. 21-4 uur, vanaf 2 uur geen toegang. Disco, café.

Livemuziek – **Muziek Café de Zwaan** [5]: Zwaanstraat 6 A, di.-zo. vanaf 16, ma. vamaf 7 uur. Muziek, biljart, darts in prettige ambiance.

Sport en activiteiten

Zwemmen – **Zwempark Molenkoog** [1]: Slingerweg 40, tel. 0222 31 33 73, eind apr.-half sept. Verwarmd buitenbad met glijbaan, tafeltennis, trampoline, zandbak, kiosk.

Fietsverhuur – o. a. **Zegel** [2]: Parkstraat 14; **Kooiman** [3]: Schoonoordsingel 5.

Karting – **Circuitpark Karting Texel** [4]: Akenbuurt 14, www.kartingtexel.nl, dag.

2 Eilandcharme – Den Burg, hoofdstad van Texel

Kaart: ▶ Kaart 2, D/E 12
Plattegrond: blz. 46

Op zonnige dagen heeft dit anders wat slaperige dorp een welhaast mediterrane uitstraling. Op de pleinen en in de in een ring om het centrum heen gelegen straatjes is het dan een drukte van belang. Langs de liefdevol gerestaureerde huizen met mooie gevels slenteren drommen toeristen langs de vele leuke winkeltjes en cafés. De terrassen liggen er op zulke dagen uitnodigend bij. Welkom in de hoofdstad van het eiland. Wie hier op maandag komt, kan genieten van de gezellige markt. Het nachtleven is er bescheiden, maar leuk.

Den Burg (bijna 7000 inw.) dat midden op het eiland ligt, is de grootste plaats, het bestuurlijke centrum en de plek waar iedereen zijn boodschappen komt doen.

Die vooraanstaande positie dankt Den Burg, dat op een in de ijstijd gevormde lemen heuvel ligt, aan het verval van De Westen, dat tot in de 14e eeuw de belangrijkste plaats van het eiland was. Den Burg ontwikkelde zich sindsdien, mede dankzij de scheepsactiviteiten aan de Reede (zie blz. 49), tot een levendig stadje. Tijdens de Tweede Wereldoorlog werd Den Burg zwaar gebombardeerd en bij de wederopbouw zijn niet altijd even gelukkige keuzes gemaakt. Toch staat er in het centrum ook nu nog een rij met al vele eeuwen oude huisjes met prachtige gevels. De ligging ver van het strand zorgt er verder voor dat maar relatief weinig toeristen hier verblijven en het er dus ook heerlijk rustig kan zijn.

'Achterom' naar het centrum

In 1415 werden aan Den Burg stadsrechten verleend – toen heette de plaats al De Burgh of De Burch. Een aantal jaren eerder was er een cirkelvormige, beschermende burgwal aangelegd met

❷ Den Burg, hoofdstad van Texel

een 30 m brede gracht. Tot op vandaag kunt u de vorm daarvan zien, hoewel burgwal en gracht al sinds lang verdwenen zijn. Binnen de burgwal, in het centrum van de stad, woonden destijds de welgestelden: leraren, kooplieden, ambachtslieden, predikanten.

Het startpunt van een korte wandeling is de parkeerplaats aan de Drijverstraat. Door een smal straatje met de aardige naam Achterom, bereikt u gemakkelijk en snel de Weverstraat. Tegenwoordig is het *de* winkelstraat van Den Burg. U gaat hier linksaf. Na ongeveer 30 m bevindt zich rechts een idyllische, oude **binnenhof** 1 met mooie beplanting en met kleine witte huisjes eromheen.

Leven in de 19e eeuw

U volgt de Weverstraat terwijl u steeds omhoog naar de (deels) prachtige oude trapgevels kijkt. Even later ligt rechts de levendige **Stenenplaats**, omzoomd door een aantal winkels en cafés met gezellige terrasjes. Zodra u de waterpomp en de kastanjeboom gepasseerd bent, bereikt u aan de Kogerstraat 1 de **Oudheidkamer** 2. Dit oudste huis van het dorp (1599) stond indertijd buiten de burchtgracht en was alleen bereikbaar met een ophaalbrug. Destijds werden hier armen en vreemdelingen ondergebracht, mensen die men liever buiten het centrum hield – je wist maar nooit welke ziekten ze bij zich hadden. In het toenmalige armenhuis – de spreuk boven de deur herinnert nog aan die tijd – bevindt zich nu het oudheidkundig museum. U kunt er klederdrachten bewonderen naast kunst- en gebruiksvoorwerpen. Daarnaast zijn er wisselende tentoonstellingen. Het huiselijke leven van de 19e eeuw komt hier weer aan de dag. En dat is niet alleen nostalgie: ook het harde leven van zeemansfamilies is te zien. De vader was vaak lange tijd op zee, en het was altijd maar afwachten of hij weer thuiskwam. Achter de 'mooie kamer' bevindt zich de kleinste voor publiek toegankelijke **kruidentuin** van Nederland.

Het verhaal van de gevelstenen

Texel heeft trouwens een eigen bioscoop, **Cinema Texel** 1 in de Gravenstraat. U mag hier een geëngageerd programma verwachten. Misschien vraagt u zich af wat de vergulde kikker doet op de gevelsteen die de de trapgevel siert. In vroeger tijden bevond zich hier een herberg met de veelzeggende naam 'De vergulde Kikkert'. Het is trouwens niet de enige gevelsteen die u hier kunt vinden. Op veel gevels prijkt zo'n kunstwerkje waarmee het beroep of de stand van de toenmalige bewoner werd aangeduid. Dat geldt ook voor het straatje **Binnenburg**, een van de *shoppingmalls* van Den Burg, hoewel dat een beetje een groot woord is voor het keurige stadje. De gevelsteen uit 1614 op het huis op nummer 15 herinnert aan de rijke eigenaar, de lakenhandelaar Van Goutsberch. De gevelsteen links daarvan laat zien waarom we niet 'Teksel' zeggen als we het over het meest westelijke Waddeneiland hebben: in vroeger eeuwen schreef men nog gewoon 'Tessel'.

Het hart van Den Burg van bovenaf gezien

Aan de Binnenburg ligt ook de **Hervormde Kerk** 3, die de historische kern van het oude stadje domineert en ook wel Burghtkerk wordt genoemd. Ze ontstond in de late 15e eeuw op de fundamenten van een romaanse voorganger. Wie de toren van dit statige rode bakstenen gebouw beklimt, wordt beloond met een mooi uitzicht op het centum van Den Burg. Beneden u ziet u de karakteristiek kleine straatjes zoals de **Warmoesstraat** met de vele halsgevels, de Gravenstraat en de Burgwal, net als het royaal bemeten **Park**, voorheen

Texel

een kloostertuin. Het massieve kerkgebouw raakte trouwens zwaar beschadigd in de Tweede Wereldoorlog tijdens de Georgiërsopstand (zie blz. 49), net als de **rooms-katholieke Kerk** 4 aan de Molenstraat. Die laatste hield aan de restauratie in 1947 een mooi glas-in-loodvenster over, aangebracht uit dankbaarheid voor de terugkeer van de weggevoerde mannen van het eiland.

Het opvallende gebouw op de hoek, direct naast de Hervormde Kerk, is trouwens gebouwd in de stijl van de Amsterdamse School. Kenmerkend hiervoor zijn de heldere lijnen, de sobere bouwmaterialen (voornamelijk baksteen, ijzer en glas) en de ingehouden ornamentiek.

Schapen en schepenen

Nog een paar passen en via de **Groeneplaats** en de **Vismarkt** bereikt u de plek waar wekelijks de drukbezochte **maandagmarkt** 1 wordt gehouden. De markt heeft een breed aanbod van producten die je op een weekmarkt mag verwachten – loop vooral de kaas niet voorbij! In de zomer kunt u op de markt bovendien terecht voor allerlei toeristische spullen, kleding en speelgoed. Tot 1975 vond op de Groeneplaats in het voorjaar een grote schapenmarkt plaats. Tot op vandaag kunt u dit inmiddels toeristische spektakel eenmaal per jaar bijwonen, namelijk op de eerste maandag van september. Alle toeristen op het eiland lijken dan tegelijkertijd op weg te gaan naar Den Burg ...

Het ineengedoken gebouw aan de rand van de Vismarkt (hier vindt u openbare toiletten) diende vroeger als **Waaggebouw** voor de stad. Hier werden alle waren gewogen om de stadsbelasting vast te stellen.

Achter de Waag stuit u op het vrolijk versierde hoofdportaal van het oude raadhuis, het **Schoutenhuys** uit 1611. Tot

Een plaatje uit een andere tijd: de binnenhof aan de Weverstraat

❷ Den Burg, hoofdstad van Texel

In het midden van de 19e eeuw hielden hier de schepenen, magistraten en burgemeester raad. Op de plaats van het oude schepenenhuis staat nu hotel **De Lindeboom** ❶ met brasserie en restaurant 't Schoutenhuys. In het historische gebouw direct aan het marktplein kunt u heerlijk eten. In de schepenenzaal van het hotel is een weelderig versierde wand uit 1787 te zien van de Amsterdamse kunstenaar Andries Warmoes, oorspronkelijk uit Hof Brakestein bij Oudeschild (zie blz. 50) en gerestaureerd in 1987.

Wat is een betere afsluiting van de wandeling dan om wat te eten en te drinken in 't Schoutenhuys, of aan de Parkstraat in café **De Slock** ❷? Of kies anders het nieuwe Grand Café **De Hollebol** ❸, met een jugendstilinterieur.

Informatie

Oudheidkamer ❷: tel. 0222 31 31 35, www.oudheidkamertexel.nl, apr.-okt. ma.-vr. 11-17, za./zo. 14-16 uur, € 3, combikaart € 11.

Hervormde Kerk ❸: beklimming toren ma. 10-12.30, woensdag tijdens folkloredagen 10-17 uur.

Rooms-katholieke Kerk ❹: dagelijks geopend.

Goed slapen, lekker eten

Naast moderne, comfortabele tweepersoonskamers (bad/douche, wc, sommige met sauna, whirlpool) heeft het klassieke hotel **De Lindeboom** ❶ ook een brasserie en restaurant 't Schoutenhuys met zijn grote terras hoort hier ook bij. Hier dineert u uitstekend. Aanrader: de *gerechies*, een soort tapas, gemaakt van producten uit de streek naar recepten uit de Texelse traditionele keuken of de wereldkeuken (tel. 0222 31 20 41, www.lindeboomtexel.nl, 2pk vanaf € 105, hoofdgerecht vanaf € 17).

's Avonds

In **Cinema Texel** ❶ kun je terecht voor onder meer 3D-, Arthouse- en kinderfilms (www.cinematexel.nl, filmmenu in het gezellige eetcafé, € 23). Meteen om de hoek, in de Parkstraat, lokken **De Slock** ❷ (nr. 36, www.deslock.nl, ma.-vr. vanaf 15, za., zo. vanaf 12 uur, biljart, darts, livemuziek) en **De Hollebol** ❸ (nr. 32-34, in het zomerseizoen vanaf 10, in de winter ma. vanaf 11, di.-zo. vanaf 12 uur; livemuziek, goed eten).

Winkelparadijs Den Burg

Lekker voor in het vakantiehuisje of later voor thuis: noten en zuidvruchten, kaas, koffie en thee bij **De Notenstolp** ❷, Weverstraat 74; vers fruit, sap en jam bij **Fruithof De Veen** ❸ (Kadijksweg 10, www.fruithofdeveen.nl, half juni-half okt.); nostalgisch snoepgoed koopt u bij **Inde Soete Suyckerbol** ❹ aan de Weverstraat 33; voor Texelse kruidenspecialiteiten en bier is **De Wit** ❻ een goed adres (nr. 18). Zoete verleidingen van hoge kwaliteit zijn te vinden bij **Chocolatier Looyer** ❾ (Spinbaan 1 A, tel. 0222 31 31 79) en de lekkerste kaas wordt aangeboden door **Kaasboerderij Wezenspyk** ⓫ (zie blz.. 65). Ook wie van leuke woonaccessoires houdt, kan zijn hart ophalen: bij **'t Lant van Texsel** ❼ (Waalderstraat 23, 's zomers en in de vakantie ma.-za. 10-17, anders ma., wo.-vr. 10-14.30, za. 10-17uur), bij **De Blauwe Rafel** ❽ (Warmoesstraat 8, 's zomers ma.-za. 11-15 uur, anders alleen do., za.) of bij **Kees de Waal** ❿ (Binnenburg 23, www.keesdewaal.nl). Een leuke vliegerwinkel is **Ideaal Texel Vliegerhuis** ❺, Weverstraat 17.

Den Burg

Bezienswaardigheden
1. Hof aan de Weverstraat
2. Oudheidkamer
3. Hervormde Kerk
4. Rooms-katholieke Kerk

Overnachten
1. De Lindeboom
2. Hotel-Brasserie Den Burg
3. Fletcher Hotel-Restaurant Koogerend
4. Stayokay Texel
5. V.P. De Koornaar

Eten en drinken
1. Tessels Kwartier
2. De Twaalf Balcken
3. Eetcafé Vincent

Winkelen
1. Maandagsmarkt op de Groeneplaats
2. De Notenstolp
3. Fruithof De Veen
4. Inde Soete Suyckerbol
5. Ideaal Texel Vliegerhuis
6. De Wit
7. 't Lant van Texsel
8. De Blauwe Rafel
9. Chocolatier Looyer
10. Kees de Waal
11. Kaasboerderij Wezenspyk

Uitgaan
1. Cinema Texel
2. De Slock
3. De Hollebol
4. J'elleboog
5. Muziek Café de Zwaan

Sport en activiteiten
1. Zwempark Molenkoog
2. Zegel
3. Kooiman
4. Circuitpark Karting Texel
5. Theatertent De Noordkroon

Den Burg

...0-18, juli / aug. 10-21 uur. Grote go-kart-baan, in de zomer kinderbaan, midgetgolf, speeltuin, kantine.

Schapentheater – Theatertent De Noordkroon 5: op de maandagmarkt, apr.-nov. 8-13 uur. Tijdens de markt speelt boerin Renske schapentheater.

Fietstocht – Oude Landroute: bewegwijzerde route (lila), beginpunt bij de VVV aan de Emmalaan; routeverloop: Hoge Berg - 't Hoorntje - Den Hoorn - Den Burg; ca. 25 km.

Wrakduiken – Duikclub Texel: tel. 0622 55 15 61, www.duikclubtexel.nl. Sport- en wrakduiken in de Wadden- en Noordzee met duikersboot RP42.

In de buurt

Hoge Berg, **Georgische begraafplaats**, **De Zandkuil:** 3 blz. 48.

Adressen en data

VVV: Emmalaan 66, tel. 0222 31 47 41, www.texel.net, ma.-vr. 9-17.30, za. 9-17 uur.

Orientatie: op Texel zijn alle zijwegen van de Pontweg doorgenummerd vanaf de veerhaven. De zijwegnummers worden vaak bij een adres genoemd ter orientatie. De stranden hebben geen namen, maar zijn aan de hand van de palen (markeringen van Rijkswaterstaat) genummerd van zuid naar noord.

Internet: in de bibliotheek aan de Drijverstraat 7 kunt u internetten, www.kopgroepbibliotheken.nl

Bussen (ze komen allemaal door Den Burg) sluiten aan op de veerboot. Het centrale busstation is aan de Elmert in Den Burg. De dienstregeling is gratis te verkrijgen bij de VVV. Dagkaart: zie blz. 35. Bij aankomst van de veerboot staan er ook **taxi's** klaar.

Veerboot: tussen 6 en 21 uur (zon- en feestdagen vanaf 7/8 uur afhankelijk van het seizoen), vanaf 't Horntje, 6,5 km ten zuiden van Den Burg, altijd op het hele uur. Vanaf Den Helder tussen 6.30 en 21.30 uur (zon- en feestdagen vanaf 7/8 uur afhankelijk van het seizoen) altijd op het halve uur (kaarten aan de kassa of online, reserveren niet mogelijk, www.teso.nl), tijdens piekuren elk halfuur. Vaartijd ca. 20 min. Op di.-zo. zijn autokaartjes goedkoper.

Waddenshantykoren Festival: eind juni. Zeemansliederen. Informatie: www.oudeschildervisserskoor-texel.nl

Folkloremarkt: in juli / aug. wo. in Den Burg. Volksdansgroepen in klederdracht, oude ambachten en eilandproducten.

Schaapscheerdersdag: eerste ma. in sept. in Den Burg op de Groeneplaats; traditionele veemarkt met de sfeer van een jaarmarkt; zie ook blz. 44.

Texel Blues Festival: in okt. Driedaags festival in Den Burg; vooral de bekende bands lokken bluesfans. Informatie: www.texelblues.nl

De Waal ▶ Kaart 2, E 12

Het kleinste dorp van het eiland (ongeveer 400 inw.) is nog altijd een agrarische gemeenschap, waar mooie boerderijen de lieflijke straatjes omzomen. De Waal biedt weids uitzicht, omdat het ooit (11e-12e eeuw) net als Den Burg, Oosterend en Den Hoorn, ter bescherming tegen de zee op een verhoging werd gebouwd (dat is aan de Bomendiek het mooist te zien). Het dorp is idyllisch en rustig gesitueerd.

Voor de kerk met het pleintje staat een beeld van de sommeltjes. Dit zijn Texelse aardmannetjes die alleen 's nachts actief zijn en volgens de legende verder onzichtbaar zijn.

Cultuurhistorisch Museum

Hogereind 6, tel. 0222 31 29 51, www.cultuurmuseumtexel.nl, Pasen-herfstvakantie di.-za. 10-17, zo. 13.30-17, di., wo. 14-16 uur voorstellingen in de oude smederij, € 3,25

Het hoogtepunt van het dorp voor toe-

③ Denkend aan vervlogen tijden – wandeling over het Oude Land

Kaart: ▶ Kaart 2, E 12/13
Route: ca. 10 km | **Duur:** inclusief uitstapje naar het museum een halve dag

Wie had dat gedacht? Texel beschikt over een echte berg: de Hoge Berg. Hij meet slechts 15 m, maar biedt wel een fabelachtig uitzicht over een van de mooiste gebieden van het eiland. In het omliggende landschap – een beschermd natuurgebied – komt u op het spoor van de geschiedenis van het eiland. Hier zijn sporen te zien van de opstand van de Georgische soldaten tijdens de Tweede Wereldoorlog. En er zijn zelfs resten te zien van verdedigingswerken uit de gouden eeuw. Onderweg langs schapenboeten, tuinwallen en holle wegen leert u Texel kennen.

De weg van Den Burg naar het vissersdorp Oudeschild voert door het glooiende natuurbeschermingsgebied de Hoge Berg: onmiskenbaar een van de mooiste stukjes van het eiland. De Hoge Berg is een van de oudste delen van Texel en is ontstaan in de laatste ijstijd, toen enorme gletsjers hier vrachten leem, kiezels en klei achterlieten. In deze rustige streek is veel van wat ooit zo kenmerkend was in de loop van de tijd verdwenen; de ruilverkaveling heeft het gebied een heel nieuw aanzien gegeven.

Schapenboeten en tuinwallen

De weilanden zijn omgeven door wallen en schuren – de zogenaamde schapenboeten – en piramidevormige boerenhoeves liggen fraai over het land uitgespreid. De vredig grazende schapen beheersen overal het beeld. Tussen de begrenzende tuinwallen, een Texelse eigenaardigheid van opeengestapelde graszoden, lopen vele karrensporen kriskras door het landschap. Zowel de schapenboeten als de tuinwallen vinden hun oorsprong in de 17e eeuw. De akkers en weilanden lagen indertijd ver

③ Wandeling over het Oude Land

van de boerderij verwijderd en er was opslagruimte nodig voor voeder en gereedschappen. Midden op de landerijen verschenen daarom her en der de typische schuren die nu nog steeds beeldbepalend zijn in het landschap. De tuinwallen ontstonden na de opheffing van de 'overalweiding' rond 1640. Tot die tijd werden alle weidegronden gemeenschappelijk gebruikt. Na 1640 moest men opeens zijn eigen afgescheiden percelen creëren. Omdat het in glooiend terrein niet mogelijk is sloten aan te leggen, maakte men tuinwallen. De schapenboeten doen geen dienst als stal voor de schapen – deze dieren zijn wind- en weerbestendig – maar dienen nog altijd als opslagruimte. De schuine zijde van de schuren staat naar het zuidwesten gekeerd, want uit die hoek waait de wind vrijwel altijd; de hooiluiken bevinden zich dan ook aan de meer beschutte noordoostkant.

Denkend aan vervlogen tijden

U kunt een wandeling door het gebied beginnen bij een van de bushaltes aan de Pont- en Schilderweg (er zijn ook tochten van halte naar halte) of van een parkeerplaats in Den Burg of Oudeschild. Onze tocht begint op de **parkeerplaats van zwempark Molenkoog** (zie blz. 41) aan de rand van Den Burg. Achter dit zwembad gaat de Slingerweg over in twee zandweggetjes; neem de linker: het Slingerwegje. Na ongeveer 500 m komt het pad langs de **Georgische begraafplaats Loladze** 1. Hier liggen vele van de 565 Georgische soldaten, krijgsgevangenen, begraven die werden gedood tijdens hun opstand tegen de Duitse bezetter in het voorjaar van 1945. Wilt u er meer over weten, dan kunt u terecht bij het **Luchtvaart- en Oorlogsmuseum** (zie blz. 60). Ga linksaf de weg Zuid Haffel en vervolgens rechtsaf de Schansweg in. Vlak voor de dijk liggen rechts de restanten van **vesting De Schans** 2, die in 1572 tijdens de Tachtigjarige Oorlog werd gebouwd op initiatief van Willem van Oranje om de Texelse haven te beschermen; onder Napoleon werd hij in 1811 versterkt, uit angst voor de Engelsen. Van de drie Texelse vestingen is alleen De Schans gedeeltelijk behouden. Inmiddels is het fort helemaal gerestaureerd en is altijd geopend voor bezichtiging.

De Reede van Texel

In de richting van Oudeschild (zie blz. 52). gaat u direct naar links of achter de dijk over Redoute en Bolwerk – straatnamen die herinneren aan de andere voormalige vestingen. Voordat u na 1 km bij het **Maritiem- en Juttersmuseum** 3 arriveert, wordt u begroet door de wieken van molen De Traanroeier. Deze molen uit 1727 stond oorspronkelijk in de Zaanstreek en werd gebruikt voor het winnen van walvistraan. Vanaf 1902 heeft de molen bijna negentig jaar op Texel dienstgedaan. In 1999 werd hij door een stichting gered van het verval. Sindsdien draaien de wieken van de oude molen weer dagelijks, maar nu speciaal voor het toerisme.

Vanaf de molengalerij hebt u een goed uitzicht over het fraaie terrein van het in mei 2011 nieuw geopende en aanmerkelijk uitgebreide Juttersmuseum. Op het met zorg ingedeelde terrein vindt u onder meer een smederij, een visrokerij, de werkplaats van een scheepstimmerman, twee visserswoningen, en in het gebouw De Noordkaap zelfs een kotter. De tentoonstellingen over onderwaterarcheologie, de Texelse Reede, het reddingswezen en strandjutten zijn aantrekkelijk en spannend. Bijzonder: in het nieuwe entreegebouw is een 18 m lang **model van de Reede van Texel** ondergebracht. Een aanrader! De bloeitijd van deze rede was in de 17e eeuw – de gouden eeuw – toen de handel in de Nederlanden een grote vlucht nam en

Texel

De Lammetjesroute komt ook door het Oude Land van Texel

ook het aantal schepen dat Texel moest passeren enorm toenam. Schepen die vanuit plaatsen aan de Zuiderzee vertrokken, gingen op de rede van Texel voor anker om bij gunstige wind uit te varen naar de Oostzeelanden, Frankrijk, Spanje, Portugal en later ook Oost-Indië. Omdat er indertijd nog geen haven was, gingen de zeilschepen ter hoogte van Oudeschild voor anker en kwamen naar de Reede voor verzorging, drinkwater en bemanning. Soms moesten ze lang wachten op een gunstige wind om weer uit te varen, en dat was alleen maar gunstig voor de eilandbewoners. Texelse loodsschepen en bevoorradingsbootjes voeren af en aan en op de dijk bekeken voorbijgangers de bedrijvigheid.

Vis, vis en nog eens vis

Wie na het bezoek aan het Juttersmuseum hongerig geworden is, wandelt verder naar de haven en dan naar **Van der Star** 1, de enige visrokerij op Texel, die bovendien dagelijks vers gebakken vis aanbiedt. U kunt er terecht voor heerlijke vissalade, een 'Texelse bouillabaisse', lekkere waddenoesters of gerookte zalmforel, paling of tong. Een maritieme keuken op niveau vindt u in de haven bij **Visrestaurant Brasserie TX** en **Eetcafé Het Vooronder** 2. Ze zijn allebei ondergebracht in het oude veerhuis, dat een gemoedelijke sfeer ademt. De specialiteit van de experimentele keuken van Willem Roeper is zeebaars in cederhout! Maar ook de gevulde lamsschouder weet te overtuigen. Een zitplaats op de bovenverdieping met uitzicht op de zee doet de rest.

Langvervlogen roem

Na de versterking gaat u parallel aan de dijk via de De Ruyterstraat terug, tot rechts de straat 't Buurtje afbuigt, dat uitmondt in het Skillepaadje. Dit kruist de **Skilsloot** 4, een kanaaltje dat in de bloeitijd van de scheepvaart werd gegraven om kleinere boten van de Waddenzee naar de waterput bij landgoed Brakestein te laten varen. Zij sloegen hier vaten met drinkwater in, die ze afleverden bij de schepen die bij Oudeschild voor anker lagen. De opbrengst van deze handel kwam ten goede aan het weeshuis in Den Burg, en daarom heten bronnen op Texel ook wel **wezenputten** 5. Tegenover **Hof Brake-**

3 Wandeling over het Oude Land

Reus onder de dwergen

stein, waar eens VOC-kapiteins logeerden, zijn nog resten van de put te zien. De route kruist een verharde weg. Links daarvan bevindt zich het enige beschermde insectengebied van Nederland, het unieke zand- en leemgebied **De Zandkuil** 6 (alleen tijdens excursies toegankelijk). De zon, die de zuidflank van de Hoge Berg lang en vaak beschijnt, heeft hier voor een ideaal insectengebied gezorgd, onder meer voor zeldzame bijen- en wespensoorten die hun nest in het zand ingraven.

Na 300 m voert links een voetpad naar het hart van het Oude Land. Het hoogste punt, een in de ijstijd opgestuwde heuvel van 15 m, wordt in liefdevolle overdrijving **Hoge Berg** 7 genoemd. Vanaf deze top heeft u een uniek uitzicht. Volg de verharde Schansweg ruim 200 m naar rechts en loop dan door de weilanden terug naar het Slingerwegje. Ga hier rechtsaf en loop terug naar de parkeerplaats.

Adressen en openingstijden

Fort De Schans 2: mei-okt., rondleidingen bij het Maritiem en Jutters Museum te boeken (vanaf 10 personen, € 3,50).
Maritiem- en Juttersmuseum (MJM) 3: Barentszstraat 21, tel. 0222 31 49 56, www.texelsmaritiem.nl, di.-za. 10-17, zo. 12-17 uur, juli / aug. ook ma. diverse rondleidingen, € 6,25. Restaurant, museumwinkel, geen parkeerplaats; parkeren bij de haven.

De Zandkuil 6: informatie over excursies in de leemkuil, zie Ecomare, blz. 39.

Genieten van vis

Vispaleis-Rokerij van der Star 1: Heemskerckstraat 15, half feb.-nov., kerstvakantie ma.-za. 9-18 uur.
Brasserie TX, Het Vooronder 2: tel. 0222 31 02 34, 0222 32 10 80, www.havenhoteltexel.nl, dag. vanaf 17 / 11.30 uur, gerecht (Brasserie) vanaf € 20, 'Echt Texels Menu' (eetcafé) € 25.

Texel

risten is dit liefdevol ingerichte museum, dat naast landbouwwerktuigen en gereedschap tal van oude voertuigen toont.

Overnachten

Uitgelezen keuken – **Hotel-Brasserie Rebecca:** Hogereind 39, tel. 0222 31 27 45, www.hotel-rebeccatexel.nl, 2pk vanaf € 75, keuken dag. 12-21 uur, gerecht € 27. Leuk, rustiek en gezellig ingericht pension met 18 kamers (allemaal met douche/bad en wc). Ruim terras, tuin, fietsverhuur. De keuken blinkt uit met een beperkt aantal, maar subtiel bereide seizoensgerechten.

Sport en activiteiten

Fietstocht – De VVV heeft een ca. 20 km lang **fietsrondje** beschikbaar; vanaf De Waal via Oosterend, Oost en via de waddendijk weer terug.

In de buurt

Polder Waal en Burg (▶ Kaart 2, D/E 12): ten noordoosten van De Waal. Het gebied met de meest vogels en voor steltlopers het belangrijkste fourageergebied.

Informatie en data

Bus: 29 vanaf de veerhaven; dagkaart: zie blz. 35.
Halve Marathon De Waal: traditionele halve marathon in maart. Informatie: www.halvemarathondewaaltexel.nl

Oudeschild ▶ E 13

Dit aan de Waddenzee gelegen dorp (ca. 1300 inw.) ademt een door-en-door maritieme sfeer. Alles draait om de drukke haven, vooral als op vrijdag de vissersvloot terugkeert. Maar ook op andere dagen heerst er grote bedrijvigheid in de jachthaven en aan de kade, waar kaartjes te koop zijn voor tochten op kotters, vissen op open zee en andere spannende avonturen; ook op de terrassen rond de haven is het zelden stil. De rede van Texel bezorgde ook Oudeschild in de gouden eeuw een ongekende voorspoed. Hier woonden eerst de loodsen en later de oester- en mosselvissers. In 1962 riepen de Oudeschilders de kottervloot in het leven, die ook nu nog een van de modernste en duurste van West-Europa is. Het dorp zelf is leuk, met mooie trapgevels, zonder spectaculair te willen zijn. Een aardige straat om door te wandelen is de pal achter de dijk gelegen **De Ruyterstraat**, waarvan de gevels op de monumentenlijst staan.

Maritiem- en Juttersmuseum

Zie blz. 51.

Zeemanskerkje

Trompstraat 60, www.kerkpleintexel.nl, mei-eind sept. vr. 14-17, juli / aug. ook di. 14-17 uur, beklimmen van de toren mogelijk

Veel beroemde zeelieden bezochten ooit deze uit 1650 daterende kerk. Twee prachtige kroonluchters waren geschenken van de admiraals Tromp en De Ruyter. In 2003 werd de kerkzaal verrijkt met een mooi model van een schip. Traditioneel werden in kerken scheepsmodellen opgehangen als herinnering aan een belangrijke gebeurtenis of aan op zee gebleven zeelieden, of eenvoudig als uiting van beroepstrots.

Overnachten

Kamer met uitzicht – **Havenhotel Texel:** Haven 2, tel. 0222 31 02 34, www.havenhoteltexel.nl, 2pk vanaf € 100. Zes vriendelijke, lichte kamers in het oude veerhuis, met een fraai uitzicht op de haven en de Waddenzee. Als op een ansichtkaart! De kamers zijn in echte eilander kleuren – blauw en zandkleuren – uitgevoerd. Er zijn drie kamers met loggia een één suite. Oppervlak van de kamers: 23-

Oudeschild

> U kunt de Oudheidkamer in Den Burg, Ecomare bij De Koog en het Maritiem en Jutters Museum in Oudeschild in combinatie bezoeken met de voordelige **Combikaart** (€ 11, verkrijgbaar bij de ingang van de musea.)

47 m². Overdadig ontbijtbuffet, restaurant, en Brasserie TX (zie blz. 50).

Familiehotel achter de dijk – De Zeven Provinciën: De Ruyterstraat 60, tel. 0222 31 26 52, www.dezevenprovincientexel.nl, 2pk vanaf € 60. In deze mooie oude, midden in het dorp gesitueerde herberg bevindt u zich op historisch gebied, want dit was de plaats waar in de 17e eeuw de admiraals De Ruyter en Tromp overnachtten. Er zijn 14 kamers, met wc, met of zonder douche. Er is ook een terras en een tuin, evenals een goed restaurant (uitgebreide kaart voor kinderen, hoofdgerecht vanaf € 13, tapas, lekkere visgerechten).

Winkelen

Beste bockbier van 2010 – Texelse Bierbrouwerij: Schilderweg 214 B, tel. 0222 31 32 29, www.speciaalbier.com, proeverij di.-za. 13.30-18, rondleidingen di.-vr. om 14, 15, za. om 14, 15, 16 uur (25 min. van tevoren aanwezig zijn). Het is aan te bevelen de openingstijden vooraf online te checken. Echt Texels bier naar oude brouwtraditie. Met biertuin en proeflokaal, met zonnig terras op het zuiden.

Sport en activiteiten

Fietsverhuur – De Jachthaven: Haven 20 B. **Bets Fietsen:** Houtmanstraat 39. Ook bewegwijzerde mtb-tochten.

Fietstochten – Boeren- en vissersroute: 33 km lange route die over de dijk en langs de boerenlanderijen voert. Beginpunt is in de haven; informatie bij de VVV in Den Burg, zie blz. 47).

Windsurfen – Bij Dijkmanshuizen: het clubhuis van de windsurfclub, informatie: www.windsurfschooltexel.nl

Zeilen met de historische loodsboot – Texelstroom: tel. 0651 79 49 92, www.texelstroom.nl. Dagtochten of kortere excursies op de Waddenzee.

Sportvissen – MS Rival: tel. 0222 31 34 10, www.sportvissentexel.nl. **Het Sop:** tel. 0222 31 04 99, www.hetsop.nl. Ook wrakduiken.

Reddingsboot in actie – Oefeningen van de **KNRM**-reddingsboot in de haven van Oudeschild of op de Waddenzee (donderdagavond).

Piraten onder elkaar – 25 m lang **speelschip** in de jachthaven. Hier kunnen kinderen eindeloos klauteren!

Waddenvaart – Op weg met de **krabbenkotter:** ④ blz. 55.

In de buurt

Dijkmanshuizen (▶ Kaart 2, E 12): dit gebied staat onder natuurbescherming. Een vogelbroedgebied ten noorden van het dorp, excursies apr.-half juni, informatie: Ecomare, blz. 39.

Oude Land, De Schans: zie blz. 51.

Informatie en data

Bus: 29 en 827 ('s zomers) vanaf de veerhaven; dagkaart zie blz. 35.

Jachthaven: Haven 26, tel. 0222 32 12 27, www.waddenhaventexel.nl

HavenVIStijn: havenfeest op een zaterdagmiddag in aug. Het draait allemaal om vis en de visserij.

Oosterend ▶ Kaart 2, F 12

In Oosterend (1400 inw.), dat zich terecht het mooiste dorp van Texel laat noemen, wonen de meeste vissers van Texel – ondanks de ligging, 2 km van de Waddenzee en 5 km van het Noordzeestrand, ⑤ blz. 58. Het beeld wordt bepaald door de fraai gerestaureerde huisjes met de kenmerkende

Texel

groene houten gevels. Midden in het dorp staat de oudste kerk van het eiland.

Overnachten

Heerlijk gelegen achter de dijk – Hotel Prins Hendrik: Stuifweg 13, tel. 0222 36 30 20, www.prins-hendrik.nl, 2pk vanaf € 80. Dit is het ideale adres voor mensen die rust zoeken, vogelliefhebbers en vissers. Het 2 km ten noorden van het dorp, bij De Schorren gelegen, gezellige hotel met 24 kamers (allemaal met douche en wc) ligt pal aan de Waddenzee; met open haard, terras en bar. Het à-la-carterestaurant serveert pannenkoeken en Texelse specialiteiten zoals lam en vis (vanaf € 20).

Sport en activiteiten

Vlakke stranden – Meerdere mooie stranden langs de dijk.

Hengelsport – De beste plekken zijn ten noorden en ten zuiden van de **IJzeren Kaap**, bij het pomstation bij Oost en bij de Molen van Het Noorden.

Tennis – Twee **overdekte banen** aan de Bijenkorfweg (reserveren via Wijnhuis Oosterend, Kerkstraat 11, zie blz. 59).

Jeu de boules – **Robbepad:** vrij toegankelijk, wo., za. om 14 en 16 uur.

Schildercursus – **Atelier De Goede Verwachting:** Genteweg 1, tel. 0222 31 85 75. Diverse workshops.

In de buurt

Oost (▶ Kaart 2, E/F 12): ongeveer 2 km ten noordoosten van het dorp ligt dit gehucht van een paar huizen temidden van de schapenweiden. Miniatuurwindmolens sieren de voortuintjes.

Eureka Tropische Planten- en Vogeltuin (▶ Kaart 2, E 12): Schorrenweg 20 (polder Het Noorden), www.eurekatexel.nl, ma.-za. 9-18 uur, mrt.-okt. di., do. vanaf 14 uur. Roofvogelshow; workshops. Tropisch orchideeën- en vogelpark ten zuidoosten van Oost, met aangrenzend tuincentrum en kantine.

Molen Het Noorden (▶ Kaart 2, F 11): aan de Waddendijk ten noorden van Oost; open voor bezichtiging als de blauwe vlag wappert. Van 1878 tot 1963 regelde deze molen met zijn scheppompen de waterstand in de mooie polder Het Noorden.

De Bol (▶ Kaart 2, F 12): natuurreservaat en broedgebied bij Oost (o.a. tureluurs, kluten, scholeksters); alleen onder begeleiding, in mei en begin juni, tel. 0222 31 77 41 (Ecomare).

Eindeloos strand

④ Vaartochtje met een kotter – op de Waddenzee

Kaart: ▶ Kaart 2, E 13
Beginpunt: haven van Oudeschild

Durft u een kwal met blote handen aan te pakken? Nee? Dan misschien een krab. Als u hem goed vasthoudt, zal hij niet bijten. Of misschien aait u toch liever een schol. Er is van alles mogelijk tijdens een tochtje met de Zeester over de Waddenzee. En geen zorgen: alle zeedieren gaan levend terug het zilte nat in.

In de **haven** 1 heerst een drukte van belang. De laatste kaartjes worden verkocht, de kapitein gaat aan boord, de anderen haasten zich om dat net zo achteloos te doen als hij en zoeken een plekje aan boord. De een zit graag buiten op het dek, terwijl de ander de warme kombuis verkiest. Om precies 14 uur vaart de Zeester uit, en de *captain* begint aan zijn humoristische, interessante toelichting bij alles wat er onderweg te zien en te weten is – en hij zal een slordige twee uur aan het woord blijven.

Goede vangst?

De scheepshoorn klinkt luid over het water terwijl de Zeester de haven van Oudeschild verlaat. Wat staat er vandaag op het programma? Het is precies hetzelfde als wat er de afgelopen decennia werd gedaan. En zelfs al was u al tientallen keren meegeweest: het blijft een prachtige ervaring. Sinds 1987 tuft de 28 m lange en 6 m brede vissers- en rondvaarboot TX 35 over de Waddenzee. Voor die tijd deed het schip lange tijd dienst als veerboot tussen Schiermonnikoog en het vasteland. Na het oversteken van de ongeveer 25 me diepe vaargeul, zo legt de schipper – uiteraard een ervaren visser – geduldig uit, zal in het ondiepere water gevist gaan worden. Het sleepnet wordt langzaam uitgezet en wordt over een breedte van 8 m over de zeebodem getrokken – hij loopt overigens letterlijk op rolletjes. Er wordt met de stroming mee gevist, en de boot mag daarbij niet

Texel

Alle kotters in de haven – het is weekend in Oudeschild

te snel varen. Niet meer dan ongeveer 3,2 knopen. Anders zou het net te ver van de bodem af komen, en de vis zou erlangs glippen. Nu is het een kwestie van een halfuur wachten, en dan wordt de vangst binnengehaald.

Technische instructie voor de 'bemanning'

Ondertussen hoeft niemand zich te vervelen, want het tweede programmapunt dient zich alweer aan: de zeehondenbanken. Terwijl de kapitein de boot aanlegt, vertelt hij nog snel tussendoor dat er in de kombuis koffie en thee, frisdrank en snacks te verkrijgen zijn, en daar kan men ook barman Peter – ook in voor een grap – opzoeken voor sterke verhalen. Degenen die het nog bij de kapitein uithouden, vertelt hij over de technische installaties aan boord, de verworvenheden waar de moderne zeevaart tegenwoordig over beschikt. Hij legt de werking van de radar, dieptemeter en satelliet zo uit dat iedereen het kan volgen. En wie wil, mag op de brug de instrumenten komen bekijken.

Zeehonden in zicht!

Als we terugkijken zien we het silhouet van het eiland met de molen, een paar zeilschepen en kotters en de kerktoren. Maar we kunnen beter voor ons kijken, want met wat geluk krijgen we zeehonden te zien, die op de zandbanken in de zon liggen. In het Nederlandse deel van de Waddenzee leven ongeveer tienduizend van deze ontwapenende dieren, waarvan zevenduizend gewone en drieduizend grijze. Als het hoogwater is zijn de behendige zwemmers aan het jagen, bij laag water rusten ze uit op de drooggevallen zandbanken. Hier worden trouwens ook de zogenoemde 'huilers' geboren, die al een paar uur na de geboorte kunnen zwemmen.

Krabben

Plotseling heerst er een enorm gekrioel op het dek. Het net is weer aan boord gehaald, iedereen verdringt zich rondom de vissers en de meeuwen krijsen in de lucht – ook zij hopen op een lekkernij. De vangst wordt in het waterbekken gestort. Grijze garnalen (ze

4 Op de Waddenzee

worden pas roze bij het koken) gaan direct in het kokende zeewater. En wat is verder de vangst? Schollen en andere platvissen; tarbot en sliptong. Een goede vangst van grote en kleine exemplaren. 'Zeetong is met ongeveer 25 cm volwassen', vertelt de schipper. Hij geldt als een eersteklas delicatesse. Een kilo doet op Texel zo'n € 10-15. Kijk, een rode poon, een echte roofvis die alles eet: algen, krabben, visjes, 'en onvoorzichtige kinderen', grapt de kapitein. Een kwal –'deze kun je aaien, die is niet giftig'. Het glibberige gevaarte wordt toch maar snel weer in het water gegooid, anders overleeft hij het niet. Hetzelfde gebeurt trouwens met de rest van de vangst. Iedereen mag meehelpen de dieren te water te laten.

> **Overigens:** niemand hoeft bang te zijn voor **krabben peuteren**: een gratis 'cursus' door een professional is bij de tocht ingegrepen. Sommigen leren heel snel. Maar er hoeft niemand hongerig van boord te gaan; de vangst was immers goed. Daarom krijgt iedereen die wil bij het verlaten van het schip twee zakjes met verse garnalen in de hand gedrukt.

Waddentocht boeken

Aan de balie in de **haven** 1 of van tevoren telefonisch reserveren, o.a. voor de **TX 10 Emmie** (tel. 0222 31 36 39, www.garnelenvissen.nl), **TX 20 Orion** (tel. 06 51 04 42 35, www.robben tochttexel.nl) of **TX 44** (tel. 06 51 10 57 75, www.tx44.nl). Prijzen variëren per tocht (1,5-3 uur), vanaf € 9.

Poon & co.

Wie de smaak te pakken heeft, kan snel terecht bij **Van der Star** 1 (zie blz. 50) of de visspecialiteiten in **Café-Restaurant Havenzicht** 2 uitproberen (Haven 6, tel. 0222 31 26 02, www.havenzichttexel.nl, keuken dag. 12-15, 17-21 uur, gerechten met brood vanaf € 12, met royaal bijgerecht vanaf € 17). Indien voorradig is de poon een aanrader, en anders de visschotel met drie soorten vis. Mooi uitzicht over de haven. Er worden ook twee droomkamers verhuurd voor € 140 elk.

Schip ahoy op de driemaster

Wie nog wat langer op zee'l wil blijven, kan een overtocht maken met de **Avontuur** of de **Willem Jacob** (www.eilandhopper.nl; complete arrangementen: www.stayokay.com/waddenhoppen): men biedt onder meer eilandhoppen, rondvaarten voor het eiland en een veerdienst op Amsterdam.

Op drie wielen

Meteen aan de haven is ook de standplaats van de **Tuk Tuks** 2, blauwe driewielige minitaxi's, waarmee u op Safari (2 uur) kunt, met gids, mee kunt doen aan de Ralley (3,5 uur) of u gaat op eigen gelegenheid (Haven 12, tel. 06 21 45 20 52, www.tuktukex presstexel.nl).

5 Kennismaking met het mooiste dorp van Texel – Oosterend

Kaart: ▶ Kaart 2, E 12

'Texels mooiste dorp' – niet ten onrechte voert Oosterend deze titel. Maar u hoeft zich geen zorgen te maken dat u in een soort openluchtmuseum terechtkomt. Er wordt hier gewoon geleefd en gewerkt. De laatste tijd vestigen zich hier ook steeds meer kunstenaars. Wie tijdens zijn bezoek aan het dorp even wil pauzeren, heeft de keuze uit een aantal gezellige restaurants.

Monumentendorp

Oosterend (ca. 1400 inw.) ziet eruit als een aaneengesloten compositie van zorgvuldig gerestaureerde huizen, waarvan vele met een karakteristieke groene houten gevel; vele daarvan vallen onder monumentenzorg. De idyllische keienstraatjes maken het plaatje compleet.

In het centrum staat het oudste kerkje van het eiland, de **Hervormde Kerk** 1, die voor een deel uit de 12e eeuw stamt en omgeven is door een klein kerkhof. In de 20e eeuw werd ze zorgvuldig gerestaureerd naar de situaie van de 17e eeuw. Vooral de houten scheidingswand in het portaal onder de toren is het bekijken waard: hier zijn honderden zogenoemde 'huismerken' ingekerfd. De betekenis ervan is tot op vandaag niet helemaal duidelijk.

Achter het adres **Kerkplein 6 A** 2 gaat trouwens het vermoedelijk kleinste huis van Oosterend (1656) schuil; in ieder geval een van de fraaiste. Een paar huizen verder, op nr. 11, bevindt zich een monument dat slechts vier jaar jonger is, en waar nu **Wijnhuis Oosterend** 1 in gevestigd is. Het indrukwekkende 350 jaar oude kostershuis is een bezoek waard.

Vissersdorp

De naam van de leukste straat van het dorp, de smalle **Blazerstraat,** herinnert aan de blazers, kleine houten scheep-

⑤ Oosterend

...es waarmee vissers indertijd de zee op gingen. En hoewel de Wadden- en de Noordzee beide relatief ver weg zijn, wonen hier de meeste vissers op Texel. Aan het einde van de 19e eeuw waren de *blazers* de meest gebruikte schepen. De bemanning bestond uit drie man, waarvan de jongste vaak een jongen van een jaar of tien was. Aan die tijd doet ook de **Oude barometer voor zeelieden** ③ denken op de hoek van de Oesterstraat en het Kerkplein.

De 'strandjutter' van Oosterend

Via de **Oesterstraat** komt u bij een kleine 'nautische tentoonstelling', de **Tuin van Cor Ellen** ④, de enige strandjutter van het dorp. Overal verspreid liggen boeien, ankers, touwen en andere vondsten. Wat eigenaardig is de combinatie met de jams en marmelades die u hier kunt kopen. Maar de smaak is er niet minder om!

Informatie

Hervormde Kerk ①: Kerkstraat 2, te bezichtigen in juli / aug. wo. 13.30-15.30 uur.

Schoolbordroute

Aan de hand van schoolbordjes kunt u op eigen gelegenheid een historische wandeling maken. Beginpunt: Schoolstraat.

Culinaire hoogstandjes …

… kunt u verwachten in de rustiek-stijlvol ingerichte **Rôtisserie 't Kerckeplein** ① aan de Oesterstraat 6 (tel. 0222 31 89 50, www.rotisserie-texel.nl, met terras, openhaard). Vriendelijk bedient mevrouw Oosterhaven de gasten, terwijl haar man in de keuken zijn toverkunsten uitoefent. Aanrader: lams- of vismenu (€ 53, resp. € 55). Uitgebreide wijnkaart.

Lekker eten, prettig zitten

Tegenover de kerk is het knusse **Eetcafé De Kroonprins** ② (Kerkstraat 7, tel. 0222 31 89 75, www.eetcafedekroonprins.nl, hoogseizoen dag., anders di.-zo. 12–3, keuken tot 21 uur). De vis komt hier rechtstreeks van de kotter van 'de broer van'. In het populaire café vaak livemuziek en ook vinden hier veel evenementen en culinaire thema-avonden plaats. In **Strends End** ③ komen vooral pannenkoekenliefhebbers aan hun trekken. (Achtertune 9, tel. 0222 31 84 83, www.strendsendtexel.nl, pannenkoeken vanaf € 5, hoofdgerecht vanaf € 15; met speelhoek.) In de zomer kunt u heerlijk op het ruime terras zitten.

Een speciaal slokje

In **Wijnhuis Oosterend** ① staan naast de wijnen en de sterkedrank de Texelse kruidenlikeuren en -bitters, onder andere met kaneel en speculaaskruiden (www.wijnhuisoosterend.nl, apr.-okt. di.-za., anders alleen wo.-za.).

Texel

Informatie en openingstijden

Bus: 29 en 827 ('s zomers) vanaf de veerhaven; dagkaart zie blz. 35.
Oosterend Present: Om de vijf jaar (2013) eind juli / begin aug. viert het dorp een driedaags feest met een enorm openluchttheater. Hoogepunt is de gemeenschappelijke maaltijd. Informatie: www.oosterendpresent.nl

De Cocksdorp en Eierland ▶ E/F 10/11

Een prachtige straat, de **Molenlaan**, voert naar het jongste dorp van Texel, dat in 1835 ontstond aan de oever van een oude zeearm. De Cocksdorp (ca. 1250 inw.) is tegenwoordig een populair vakantieplaatsje. Slechts aan de **Kikkertstraat**, waar de winkels en restaurants elkaar afwisselen, wordt het wel eens wat drukker.
De ongeving is prachtig, met diverse beschermde natuurgebieden, het bos **De Krim**, het brede strand, de vuurtoren (zie blz. 63) en de prima mogelijkheden voor vissers. De **Polder Eierland**, ten zuiden van De Cocksdorp, ontstond nadat de Belg De Cock in 1835 een 11 km lange dijk tussen Texel en het voor de kust daarvan gelegen eilandje Eierland liet aanleggen en het tussenliggende gebied liet inpolderen. Deze polder is nu aangewezen als rustgebied voor langstrekkende eenden.

Vogelinformatiecentrum Texel
Kikkertstraat 42, tel. 0222 31 62 49, www.vogelinformatiecentrum.nl, ma.-vr. 10-18, za. 10-17.30 uur, wo. om 9 en 11 uur vogelexcursies, € 10.
Vogelliefhebbers vinden hier informatie, boeken, foto's en filmmateriaal over de gevederde eilandgasten. Ook kunt u hier ontdekken welke vogels u op het moment op het eiland kunt verwachten. In de bijbehorende winkel **De Verrekieker** vindt u verrekijkers, telescopen natuurboeken, nestkastjes. Fotodatabank: www.natuurdigitaal.nl

Luchtvaart- en Oorlogsmuseum
Postweg 126, bij de luchthaven, tel. 0222 31 16 89, www.lomt.nl, openingstijden zie website, € 3,50
Museum over de luchtvaart op Texel en over de Georgische opstand aan het einde van WO II (zie blz. 49).

Betoverend polderlandschap: Het Noorden, dicht bij De Cocksdorp

De Cocksdorp en Eierland

Overnachten

Balkon of terras? – **Hotel Oranjerie Molenbos:** Postweg 224-226, tel. 0222 31 64 76, www.molenbos.nl, 2pk vanaf € 110. Vlak bij het dorp. Rustig en modern, aan de Roggesloot gelegen hotel met comfortabele kamers. Alle kamers hebben een balkon of terras. In het restaurant wordt heel creatief gekookt.

In het midden – **Hotel-Pension 't Anker:** Kikkertstraat 24, tel. 0222 31 62 74, www.t-anker.texel.com, 2pk vanaf € 90. Pension met acht kamers (douche/wc) in het hart van het dorp, vriendelijk personeel. Vraag om een kamer achterin.

Luxe camping – **Vakantiepark De Krim:** Roggeslootweg 6, tel. 0222 39 01 12, www.krim.nl, hele jaar geopend. Luxueuze camping op 2,5 km van zee, met beschutte staanplaatsen en goede sanitaire voorzieningen. Zeer geschikt voor kinderen. Met binnen- en buitenbad, sportfaciliteiten, winkels, restaurant. 's Zomers animatie. Ook vakantiehuisjes en hotel.

Goed gelegen – **Landal Sluftervallei:** Krimweg 102, www.landalcamping.nl, half mrt.-begin nov. Weide- en duingebied, 2 km naar het strand. Goede sanitaire voorzieningen, sport- en spelfaciliteiten, bowling, midgetgolf, zwembad, sauna, winkel, restaurant, caravanverhuur.

Eenvoudig en goede ligging – **De Robbenjager:** zie onder.

Eten en drinken

Seizoenskeuken met eilandproducten – **Topido:** Kikkertstraat 21-23, tel. 0222 31 62 27, www.topido.nl, juli / aug. dag. vanaf 10 uur, verdere tijden zie website, hoofdgerecht vanaf € 16,50, driegangenmenu € 37,50. In dit lichte, vriendelijke restaurant met terras gebruikt men het liefst producten van het eiland zelf, zoals lams- en rundvlees, garnalen en paling, kaas, aardappelen, paddenstoelen, vruchten en bier. Aanrader: gerecht met paling, of stoofpot.

Eten met uitzicht – **De Robbenjager:** Vuurtorenweg 146, tel. 0222 32 92 52, www.derobbenjager.nl, apr.-begin nov. dag. vanaf 11, begin nov.-kerstvakantie dag. 11-17 uur, € 11-19. Vriendelijk, knus ingericht restaurant op de gelijknamige camping. Dicht bij Waddenzee en vuurtoren, met beperkte, goede kaart, uitstekende service en schitterend uitzicht. Specialiteit: Texelse visstoof. Met terras.

Unieke ijssmaak – **Labora:** Hollandseweg 2/4 (zijweg 32), www.ijsboerderijlabora.nl, mei-aug. dag. 11-20 uur, verdere openingstijden zie website. De ijsboerderij heeft zo veel keuze in soorten ijs (zonder kleur- en conserveringsstoffen) dat één vakantie niet genoeg is voor een kennismaking. Grote speeltuin.

Winkelen

Verder kijken – **De Verrekieker:** zie Vogelinformatiecentrum, blz. 60.

Handgemaakte souvenirs – **Vlinderwinkel:** Kikkertstraat 25, www.vlinderwinkel.nl. Hét adres voor originele souvenirs (niet doorvertellen!).

Texel

Uitgaan

Disco en meer – **Het Eierlandsche Huis:** Klimpstraat 33, www.eierlandschehuis.nl, ma.-vr. 14-3, za. 12-3, zo. 12-19.30 uur. Juli en aug. Bingo- en disco-avonden, café, bar, **internetcafé**.

Sport en activiteiten

Strand – Breed, fijn zand, kindvriendelijk, rond paal 28 bewaakt van juni-begin sept.; paviljoen het hele jaar geopend; mooier paviljoen (hele jaar open) bij paal 33 aan de waddenkant; onbewaakt naaktstrand 1 km ten zuiden van paal 28. Zwemmen tussen paal 31 en 33 is levensgevaarlijk!

Windsurfen – Aan het bewaakte strand.
Catamaran-zeilschool – **De Eilander:** bij Paal 33, tel. 06 20 63 44 13, www.deeilander.nl, eind apr-eind sept. dag. vanaf 9.45 uur. Ook verhuur.
Outdoorspecialist – **Texel Outdoor Programma's:** zie www.texeloutdoor.nl, paviljoen bij paal 33.
Fietsverhuur – **Van der Linde:** Kikkertstraat 3. **Van Tongelen:** Krimweg 10.
Fietstocht over de dijk – Mooi traject langs de Waddenzee.
Paardrijden – **Ruitercentrum De Krim:** Roggeslootweg 4, www.naartexel.nl, manege, verhuur van paarden en pony's, cursus, tochtjes.
Golf in de duinen – **Golfbaan De Texelse:** Roggeslootweg 3, www.texelse.nl. Negen holes, golfschool, -winkel.
Tennis – **Vakantiecentrum De Krim:** Roggeslootweg 6, www.krim.nl. Drie buitenvelden, één binnen. **Het Eierlandsche Huis:** Klimpstraat 33, www.eierlandschehuis.nl. Twee velden.
Parachutespringen – **Paracentrum Texel:** op de luchthaven, Postweg 128, Eierland, www.paracentrumtexel.nl. Cursus, tandemsprongen, rondvluchten.
Op zee – **De Vriendschap:** dagtocht naar Vlieland/robbentocht (zie blz. 55), aanlegsteiger bij paal 33, www.waddenveer.nl, mei-sept. dag.
Op stap met strandjutter Maarten Boon – **Jutters Plezier:** www.juttersplezier.nl. Met paard- en wagen tussen de Slufter en de vuurtoren, aansluitend kunt u in de schuur van Boon de enorme juttersverzameling bekijken.
Wandelen – **Noord-Hollandpad:** wandeling van 34 km als deel van een 270 km lang traject. In de broedperiode (mrt.-aug.) deels ontoegankelijk. www.noordhollandpad.nl. **Eijerlandse Velden:** in Polder Eierland aangelegde wandeling, www.delieuw.nl
Waddenwandelen – **De Vriendschap:** www.waddenveer.nl, zie hierboven.
Met de paardentram – **De Texelse Paardentram:** Roggeslootweg 6, De Krim, www.texelsepaardentram.nl, reserveren via tel. 06 36 25 10 93, za., zo., di., wo. 10, 13 uur. Tocht door het dorp en de omgeving.
Spelen zonder grenzen – **Kinder Speelparadijs Texel:** Roggeslootweg 6, www.krim.nl, Overdekt speelparadijs met veel uitdaging voor de kleintjes. Met café.

In de omgeving

De Schorren (▶ Kaart 2, F 11): kwelder ten zuidoosten van het dorp, buiten de dijk. Alleen toegankelijk met rondleiding, mei-sept. via Ecomare. Beschermde rust- en broedplaats.
Uitzichtpunt (▶ Kaart 2, F 11) bij het monument op de hoek van de Lancasterdijk en de Stengweg: uitzicht op de Waddenzee en rotganzenkolonie Zeeburg.
De Slufter: ⑥ blz. 63.

Informatie en data

Bus: 29 en 827 ('s zomers) vanaf de veerhaven. Dagkaart: zie blz. 35.
Texel Air Show: vliegshow met demonstraties en stunts, vanaf eind juli 2012; www.texelairshow.nl
Feestmarkt: in de zomer do.-middag en -avond.

6 Kwelders, duinen en bos – het westen van Texel

Kaart: ▶ Kaart 2, E 10-D 14
Route: tot De Koog ca. 13 km, van daar tot Den Hoorn ca. 11 km, verder tot De Hors ca. 4 km. **Tijdsduur:** incl. bezoek aan Ecomare een dagtocht

Waar eens enorme golven de duinen doorbraken, is vandaag een zeer afwisselende kuststrook te vinden, geschikt als achtergrond van een mooie fietstocht. Met kwelders en zoetwatermeertjes wordt een broedgebied gevormd voor honderd verschillende vogelsoorten. Helemaal in het zuiden wacht iets on-eilands op de fietser: een bosgebied met gezellige picknickbankjes.

Landwinning bij de vuurtoren

Ooit stond de uit 1841 stammende, tegenwoordig weer roodgeschilderde **vuurtoren** 1 (niet te bezichtigen) 3 km bij de kust vandaan, maar nu tuimelt hij bijkans in de Noordzee, die hier in het noorden bijzonder hevig aan de kust knaagt. Een 800 m lange strekdam moet verhinderen dat er nog meer duin en strand weggeslagen wordt – en dat lukt goed. Nu ligt hier een enorme zandplaat. Bij helder weer is het zicht vanaf de vuurtoren, na een pittige klim van een strandopgang, schitterend. De gaten in de binnenste, eerste muur van de vuurtoren ontstonden tijdens de Georgische opstand in april 1945 (zie blz. 49). Vanaf de vuurtoren neemt u het fietspad achter de duinen, waar u de Krimweg kruist.

Overwinning voor de natuur

Tussen De Cocksdorp en De Koog strekt zich een afwisselende omgeving uit, met de kwelders van De Slufter en het dichtbegroeide natuurgebied De Muy. Dit landschap ontstond na 1851, toen de zee bij een zware storm drie gaten in de duinenrij sloeg. Bij De Muy konden de gaten in de duinen weer worden gedicht, bij **De Slufter** 2 niet. Doordat het gebied regelmatig door zout water wordt overspoeld, is er een buitenge-

Texel

woon terrein ontstaan waarin op rustige momenten wat poelen en slootjes liggen, maar dat bij hoge waterstanden een flinke binnenzee wordt. Een dijk beschermt de lager gelegen **Muy** 3 tegen overstromingen vanuit De Slufter. In De Slufter groeien alleen planten die bestand zijn tegen zout water. Tot de mooiste daarvan behoren het lamsoor, dat de kwelders in juli en augustus helemaal lila kleurt, en de grasanjelier, die in mei en juni voor een roze gloed zorgt. De route loopt om te beginnen parallel aan de zoom van het duingebied. Ter hoogte van de Slufter- en Muyweg kunt u even pauzeren om uit te kijken over de duinen of een stukje te wandelen en de variëteit van flora en fauna te zien. In het noordelijke deel van moeraslandschap De Slufter broeden watervogels zoals de bontbekplevier, de eidereend en de kluut (in de broedtijd verboden toegang, anders vanaf de parkeerplaats bij de Krimweg het groen gemarkeerde voetpad volgen). In het zuiden voert een geel gemarkeerd voetpad naar het strand (begin bij de trap aan het einde van de Slufterweg). Zelfs in het hoogseizoen is het hier heerlijk rustig. Vanaf het strand stroomt het water van de Noordzee door de brede zeearm de **Slufterkreek** in met een grote boog landinwaarts.

Tafeltje dek je

Het zoetwaterduinmeer **Muyplas** is een ideaal broedgebied voor de lepelaar, de blauwe reiger en nog ongeveer vijftig andere vogelsoorten. In de late zomer en de herfst komen zangvogels hier hun maag vullen voordat ze naar het zuiden vertrekken en in de lente is de nachtegaal te horen. Kauwen en brandganzen maken het zich gemakkelijk in verlaten konijnenholletjes en de langoren zelf huppelen door het struikgewas.

Vlak voor De Koog, in het uit weiland en heidelandschap bestaande poldertje **De Nederlanden** 4, biedt de top van het 20 m hoge duin **Nol van Bertus** een mooi uitzicht (bereikbaar via het blauw gemarkeerde voetpad). Na een pauze in het vakantieplaatsje **De Koog** (zie blz. 35; veel cafés en restaurants), voert de route langs het bos (Ruyslaan) naar het Centrum voor Wadden en Noordzee **Ecomare** 5 (zie blz. 37).

Vlak voor De Koog, in het weide- en heidelanschap van de kleine polder **De Nederlanden** 4, hebt u vanaf het 20 m hoge duin **Nol van Bertus** een weids uitzicht (te bereiken via het blauw gemarkeerde voetpad). Nadat u vakantieoord **De Koog** (zie blz. 35) bent gepasseerd voert de weg langs de rand van het bos (Ruyslaan) en raakt dan aan de duinenrij bij **Ecomare** 5 (zie blz. 37).

Door bos en heide

U blijft parallel aan het strand over de Randweg rijden, door het prachtige bosgebied **De Dennen** 6. Zelfs als het heel hard waait kost het fietsen over de beschutte fietspaden geen enkele inspanning. Ooit groeiden er in deze bossen uitsluitend naaldbomen, maar in de loop van de tijd zijn daar steeds meer loofbomen bijgekomen. Dat heeft in het gebied geleid tot een toename van het aantal grote bonte spechten, winterkoninkjes, ransuilen, koekoeken en nachtegalen. Het is interessant om te zien wat de invloed van wind, zout en water is op de groei van de bomen. De bomen aan de Noordzeezijde van het bos worden overigens hoger naarmate ze verder van de zee, en dus van de zilte lucht, vandaan staan. Het bos is licht van karakter, zodat er een dichte bodembegroeiing is. Mooie uitzichtpunten over de omgeving zijn **Fonteinsnol** 7 (vlak bij de kruising van de Rozendijk, Bakkenweg en de Westerslag) en **Kampeernol** 8 (aan de rand van het bos, bereikbaar via Westerslag).

6 Het westen van Texel

Op de plaats waar de Randweg in de Nattevlakweg overgaat, staat de boskiosk **Het Turfveld** 1 en rechts voert de Westerslag naar het strand bij paal 15. Na het verlaten van het bos voert het fietspad (Rommelpot) langs een uitgestrekt stuk heide naar het dorp Den Hoorn (zie blz. 32). Kraaiheide, struikheide en gewone dopheide bedekken het duingebied hier van het voorjaar tot diep in de herfst met een paarse gloed. Voordat u teruggaat, kunt u nog afstappen bij **De Hors** 9. Deze enorme strandvlakte aan de zuidpunt is het enige duingebied op het eiland dat grotendeels door de natuur zelf totstandkwam. Hier kunt u kilometers wandelen zonder een mens te zien.

> **Overigens:** wie niet per fiets of te voet naar De Slufter kan, kan deelnemen aan een **huifkartocht** van **Jan Plezier** (diverse routes, ca. 3 uur, met koffiepauze, ma.-za. 10 / 14 uur, bushalte Nikadel, De Koog; reserveren 19-22 uur, tel. 0222 31 28 25, www.janpleziertexel.nl).

Informatie en openingstijden!

Vuurtoren 1: Vuurtorenweg 184, tel. 0222 31 77 41, www.vuurtorentexel.nl, apr.-sept. ma.-vr. 10-20, za. / zo. 10-17, okt.-mrt. wo., za. / zo. 10-17, herfst-, kerst- en voorjaarsvakantie dag. 10-17 uur, € 3.

Snackbar

Het Turfveld 1: Nattevlakweg 2, tel. 0222 31 24 19, 10-18 uur.

Eenvoudig en uitmuntend ...

... eten, zo luidt het motto van Vincent Hoekstra, die aan de rand van De Dennen zijn **Eetcafé Vincent Eilandkeuken** 2 drijft. Verfijnde, creatieve kaart. Een aangename plek om even bij te komen (Grensweg 386, tel. 0222 32 20 84, www.eetcafevincent.nl, di.-zo. vanaf 12 uur, gerechten vanaf € 15).

Alleen hoogtepunten ...

... in **Brasserie-Restaurant Bos en Duin** 3 in Den Hoorn. Uitstekend zijn onder andere de steaks, lamsvlees- en visgerechten en de wijn (Bakkenweg 16, tel. 0222 31 55 41, www.restaurant.bosenduin-texel.nl, gerecht vanaf € 20 pasta vanaf € 14, drie- of zesgangen verrassingsmenu € 36-57).

De lekkerste kaas

Heerlijke kaas van koeien-, schapen- en geitenmelk, volgens vijhonderd jaar oud recept, bij **Kaasboerderij Wezenspyk** 1 (Hoornderweg 27-29, www.wezenspyk.nl).

Vlieland

Golvende duinlandschappen, het vogelparadijs Kroon's Polders, grote loof- en naaldbossen, afwisselende kusten en de oneindige zandvlakte de Vliehors, de 'Sahara van het noorden': dat is het kleinste Waddeneiland Vlieland.

Het eiland is slechts 12 km lang – exclusief van 8 km lange Vliehors, een enorme vlakte van fijn stuifzand in het westen – en nergens is het eiland breder dan 2 km. Bezoekers voelen zich op Vlieland al heel snel thuis, want het eiland is overzichtelijk en er is maar één dorpje. Duidelijk gemarkeerde wandel- en fietspaden ontsluiten het eiland en de natuurreservaten met hun afwisselende flora. Zelfs in het hoogseizoen, als alle accommodatie tot het laatste bed aan toe vol zit, blijft de sfeer op het eiland gemoedelijk.

Het eiland kent geen druk uitgaansgebied en er zijn nauwelijks auto's. Bezoekers mogen alleen hun fiets meenemen en moeten de auto op de vaste wal achterlaten.

Ooit telde Vlieland twee dorpen, namelijk West- en Oost-Vlieland. In de 17e eeuw, toen de eilanders vooral van de walvisvangst leefden, woonden er meer dan zeventig commandeurs van walvisvaarders en tal van kapiteins van de handelsmarine op Vlieland. Dankzij zijn gunstige ligging aan het Vlie, waar handels- en oorlogsschepen voor anker gingen en op gunstige wind wachtten, ging het Oost-Vlieland goed. West-Vlieland viel daarentegen ten prooi aan de gedurig aan de kust knagende zee.

In de 19e eeuw kwam er een einde aan de bloeitijd van Vlieland. Reders kozen steeds vaker voor het vasteland. Akkerskende Vlieland niet en in de visserij was nauwelijks nog iets te verdienen.

In die tijd werd zelfs serieus overwogen om het eiland in de zee te laten verdwijnen door de zee vrij spel te bieden. Het onderhoud van het eiland kostte namelijk veel geld.

Het langzaam opbloeiende toerisme in de jaren twintig van de vorige eeuw betekende de redding voor het eiland en haar bewoners.

Oost-Vlieland ▶ Kaart 2, G/H 8

In Oost-Vlieland (1150 inw.) heerst een bedaarde sfeer. Eeuwenlang was de Dorpsstraat de enige straat en de ruggengraat van het dorp en het eiland. Hier vandaan leiden smalle straatjes naar de duinen ten noorden van het dorp. De rest van de bebouwing dateert uit de 20e eeuw. Wie op het **Vuurboetsduin** naar de top klimt, kan zich voorstellen hoe het er hier vroeger uitzag: de smalle dorpsstraat met zijn kleine zijweggetjes, omzoomd door huisjes van gele baksteen met rode daken, en dat geheel gelardeerd met het groen van de iepen en de vele fruitbomen in de tuinen. Op de voorgrond staan de **kerk** en het **Armhuis** ❼ (zie blz. 68), twee meesterwerkjes van de 17e-eeuwse architectuur van het Waddengebied.

In de levendige **Dorpsstraat** staan nog tal van 18e- en 19e-eeuwse geveltjes, die als geheel de sfeer van vroeger

Oost-Vlieland

aardig weergeven. De straat waar elke Vlielander trots op is verandert 's zomers in één groot terras en valt tegenwoordig in zijn geheel onder monumentenzorg. Het **Oude Raadhuis** (nr. 145) – kijk naar het klokkentorentje met bovenop een schip – stamt uit het jaar 1855.

Vuurtoren

Aan de rand van het dorp, ten westen van de Badweg, juli / aug. ma.-vr. 14-16, za. / zo. 10.30-12, nov.-mrt. wo. 14–16, za. / zo. 10.30-12 uur, € 2,50
Op een 40 m hoog duin (de hoogste top van de Waddeneilanden) steekt de rode, gietijzeren toren met zijn koepel van plexiglas hoog boven zijn omgeving uit. Het vreemde aanhangsel, een uitkijkplatform op palen, werd in 1929 toegevoegd. Vanaf de top, op 55 m hoogte, hebt u prachtig uitzicht over het eiland; bij helder weer is Harlingen op de vaste wal nog duidelijk te zien.

Tromp's Huys

Dorpsstraat 99, mei-sept. di.-vr. 11-17, za. / zo. 14-17, okt.-apr. di.-za. 14-17 uur, € 2,75
In 1575 gaf de admiraliteit van Amsterdam opdracht tot de bouw van dit juweeltje, het oudste gebouw van het eiland. Sinds 1955 is hier het museum over de geschiedenis van Vlieland gehuisvest. Naast archeologische vondsten, herinneringen aan de tijd van de walvisvaart en een waardevolle verzameling oude kaarten is er ook de erfenis te zien van de Noorse schilderes en vroegere eigenares Betzy Berg (1850–1922).

Bezoekerscentrum De Noordwester

Dorpsstraat 150, tel. 0562 45 17 00, www.denoordwester.nl, openingstijden zie website, € 4,50; met internetcafé (€ 1,60 per 30 min.) en cafetaria
Naast een boeiende expositie over de flora en fauna van het eiland is een tweede zwaartepunt in dit bezoekerscentrum de ontstaansgeschiedenis en de bewoners van Vlieland. Het zeeaquarium, het roggenbassin en het skelet van een in 2004 aangespoelde potvis zijn de moeite waard, net als een bezoek aan de zolder, die uitpuilt van de aangespoelde juttersspullen. Het bezoekerscentrum organiseert ook **excursies over het eiland**. U kunt daarvoor van tevoren kaartjes kopen.

Golfbrekers

Het noordoostelijke strand van Vlieland is zeer smal. Sinds 1854 legt men hier pieren en dammen aan om verder wegspoelen van het zand tegen te gaan. In totaal zijn er 64 van zulke golfbrekers op Vlieland aangelegd. Op de andere eilanden zal men er vergeefs naar zoeken. Rijkswaterstaat doet het onderhoud, een dure liefhebberij. Modernere kustbeschermingsmaatregelen zoals opspuiten van zand en opwerpen van kunstmatige duinen zijn veel goedkoper.

Overnachten

Loungen in eilandsfeer – Badhotel Bruin: Dorpsstraat 88, tel. 0562 45 13 01, www.badhotelbruin.com, 2pk vanaf € 110. Dit is het oudste en bekendste hotel van het eiland. De sfeer is gemoedelijk, met heel eenvoudige tot luxe kamers en suites voor gezinnen (met bad of douche en wc). Veel kamers zijn recent gerenoveerd (Hästens bedden). Er zijn een terras, een lounge (met open haard), een oud-Hollands café, een restaurant en een fitness-ruimte.

Havenzicht – Hotel Zeezicht De Luxe: Havenweg 1, tel. 0562 45 13 24, www.zeezichtvlieland.nl, 2pk vanaf € 100. Gelegen tegenover de aanlegsteiger van het veer, is dit hotel een van de hoogtepunten van het eiland. Het terras met uitzicht op de haven is erg geliefd. Vriendelijk personeel; een hotel waar men zich snel

7 Vierhonderd jaar eilandgeschiedenis – Nicolaaskerk en Armhuis

Kaart: ▶ Kaart 2, H 8

Twee meesterwerken van waddenarchitectuur uit de 17e eeuw, toen de eilanden volop profiteerden van de welvaart in de gouden eeuw: de Nicolaaskerk en het Armhuis. De beide gebouwen laten meer dan vierhonderd jaar eilandgeschiedenis zien en nodigen uit om te bezichtigen. In de kerk krijgt u een glimp van de glorierijke maritieme geschiedenis te zien, in het Armhuis vindt u sporen van de donkere tijd die eraan voorafging.

Waar tegenwoordig de **Nicolaas van Myrakerk** 1 staat, schijnt in 1245 al een kapelletje geweest te zijn. Maar toen steeds meer mensen uit West-Vlieland naar het oostelijke dorp trokken, had men een grotere kerk nodig. Deze werd gebouwd in 1605 en kreeg in 1647 zijn huidige vorm als kruiskerk. De inrichting is bijzonder, want grotendeels gemaakt van scheepshout. In de kansel ziet u een deur die gemaakt is uit een scheepswrak, masten dienen als zuilen en sommige kerkbanken zijn vervaardigd uit drijfhout. Uniek is ook de koperen kroonluchter, een geschenk van admiraal Michiel de Ruyter – die hem zelf cadeau kreeg van de Zweedse regering. Op het kerkhof gebruikten Vlielanders sinds de 18e eeuw walviskaken voor de grafstenen. Enkele daarvan zijn te bewonderen in de kerk.

Een huis voor iedereen!

De geschiedenis van het kerkje is nauw verbonden met het maritieme verleden van het eiland. De protestantse gemeente van Vlieland houdt er nog steeds elke zondag diensten. Ook de kleine rooms-katholieke gemeenschap maakt gebruik van het gebouw. Verder wordt het gebouw veelvuldig gebruikt voor culturele doeleinden: koren en muziekensembles zijn er regelmatig te gast

7 Nicolaaskerk en Armhuis

om – vaak bij kaarslicht – concerten te geven. Deze uitvoeringen trekken in het hoogseizoen altijd veel toeristen aan.

Voor iedereen een goed leven?

In overeenstemming met de diaconale traditie van de kerk werd al in 1632 begonnen met de bouw van een armenhuis annex pastorie naast de kerk. Oorspronkelijk was het huis bedoeld voor zeelieden in ruste en het **Armhuis** 1 heette aanvankelijk dan ook 'mannenhuis'. Het gebouw werd opgetrokken uit dezelfde materialen en in dezelfde bouwstijl als de kerk. Met de gevels van gele Friese baksteen vormen beide gebouwen een prachtig monumentaal ensemble.

Het mannenhuis werd nog in dezelfde eeuw veranderd in een diaconiehuis. Sindsdien hebben er talloze onbemiddelde bejaarde mannen en vrouwen en wezen gewoond. En ook schipbreukelingen. Het geld dat nodig was voor onderhoud werd onder meer verkregen door het verhuren van het duingebied voor de jacht op konijnen, en voor een groot deel uit het zogenoemde armengeld, dat betaald moest worden door passerende schepen. Het huis was zelfverzorgend: in de tuin verbouwde men groenten en fruit, men hield wat vee voor het vlees en de melk. Op deze manier heeft het diaconiehuis tot 1950 voortbestaan; totdat het ondergebracht werd bij een stichting, die het hele gebouw grondig liet renoveren.

Tegenwoordig is in dit mooie oude huis een **restaurant** 1 met **galerie** gevestigd. U eet in de oude eetzaal, terwijl de open haard gaande gehouden wordt met juthout. In de galerie ziet u onder andere zeefdrukken van Corneille. Ook verder zijn het niet meer de armen die hier het beeld bepalen; het gebouw is ook te huur als een exclusieve trouwlocatie – en het zijn niet alleen eilandbewoners die daar gebruik van maken.

Informatie

Nicolaaskerk 1: Kerkplein, juni-sept. wo. 10-11, zo. om 10 uur kerkdienst. Het hele jaar **concerten bij kaarslicht:** gerenommeerde musici treden hier op (€ 10, www.protestantsegemeente vlieland.nl).

Historische ambiance

Wellkom in een van de mooiste cafés van het eiland: **Het Armhuis** 2 lokt niet alleen met warme appelbollen, maar ook met vis, gevogelte, vlees- en wildgerechten (vanaf € 22, Kerkplein 6, tel. 0562 45 19 35, www.armhuis.com). Gasten worden ontvangen in de knusse eetkamer of op het heerlijke terras in de tuin.

Een goed alternatief

In familierestaurant **De Richel** 1 kunnen vooral gezinnen met kinderen goed terecht. Beslist proeven: lever met spek (Dorpsstraat 146, tel. 0562 45 14 14, www.derichelvlieland.nl, apr.-okt. dag. 10-22 uur, gerecht vanaf € 10).

Vlieland

In het voormalige armenhuis kunt u heerlijk tot rust komen onder het genot van een goede maaltijd

thuisvoelt. Halfpension is aan te bevelen. Vraag naar een kamer met balkon en uizicht op zee.

Charmant – **Hotel Restaurant De Herbergh van Flielant:** Dorpsstraat 105, tel. 0562 45 14 00, www.deherberghvanflielant.nl, 2pk vanaf € 86. Eenvoudig, maar zeer gastvrij huis met mooie inrichting en slecht 5 min. vanaf de haven. Ook restaurant met tuinterras aan de waddenkant. De mooiste kamers zijn die met zeezicht.

Pal aan zee – **Strandhotel Seeduyn:** Badweg 3, tel. 0562 45 15 60, www.hotels.nl/de/vlieland/seeduyn, 2pk vanaf € 80, appartement vanaf € 80 per dag. Modern Westcord-hotel met 100 kamers en 50 appartementen, allemaal met douche/bad en wc, maar weinig karakteristiek. De voordelen – pal aan zee, kindvriendelijk, comfortabel – maken het een prettige verblijfplaats voor gezinnen; met restaurants, terras, veel recreatie, binnen- en buitenzwembad met peuterbad, sauna, strandpaviljoen en manege.

Warm en gezellig – **De Wadden:** Dorpsstraat 61, tel. 0562 45 26 26, www.hoteldewadden.nl, 2pk vanaf € 80. Dit centraal in de Dorpsstraat gesitueerde familiehotel (ook Westcord) is gevestigd in de vroegere zeevaartschool en heeft een grote tuin, bar, restaurant en een bruin café. De meeste van de 22 kamers hebben een eigen balkon of terras, douche of bad en wc. Vraag om een kamer met uitzicht op de Waddenzee.

In de duinen – **Hotel De Bosrand:** Duinkersoord 113, tel. 0562 45 12 48, www.hoteldebosrand.nl, 2pk vanaf € 80. De ligging doet het: slechts 100 meter van het Noordzeestrand, gelegen aan de bosrand in de duinen. Hotel-garni met comfortabele kamers (bad/douche, wc), terras, sauna. Een goedlopend familiebedrijf met veel stamgasten.

Voor jong en oud – **Kampeerterrein Stortemelk:** Kampweg 1, tel. 0562 45 12 25, www.stortemelk.nl, apr.-sept. Grote camping pal aan het strand, op een kwartier lopen van het dorp; door ligging en faciliteiten (supermarkt, re-

Oost-Vlieland

reatieruimte, café, goede sanitaire oorzieningen, breed aanbod voor sport en spel) is het terrein bijzonder in trek bij gezinnen met kinderen.

Voor natuurgenieters – **Natuurkampeerterrein De Lange Paal**: Postweg 1, tel. 0562 45 16 39 (9-12 uur), www.langepaal.com, apr.-sept., voor een plek in juli / aug. vooraf reserveren. Kleine camping, 3 km ten westen van het dorp gelegen in bos en duin; ideaal voor liefhebbers van natuur en rust. Sobere voorzieningen. Gasten moeten in het bezit zijn van een Natuurkampeerkaart (€ 9) of die bij aankomst kopen. Huisdieren niet toegestaan.

Eten en drinken

Vers uit de zee – **Visrestaurant De Wadden**: adres zie Hotel De Wadden hierboven. Lunch 11-16.30, diner vanaf 18 uur, driegangen waddenmenu voor € 30. Gezellig restaurant, beroemd vanwege zijn verse kreeften en mosselen. Bijzonder aan te bevelen is het 'plateau de fruits de mer' (€ 37).

Lekkere stoofpotjes – **Grand Café De Stoep**: Dorpsstraat 81, tel. 0562 45 14 95, www.grandcafevlieland.nl, 15-21/23 uur, gerecht vanaf € 15. Ook snacks. De specialiteit van dit Grand Café zijn de heerlijke stoofpotjes (vis, lam, kalf, kip); en een goede wijnkaart.

Voor gezinnen – **De Lutine**: Dorpsstraat 114-118, tel. 0562 45 14 77, www.de-lutine.nl, dag. vanaf 10 uur, gerecht vanaf € 14. Dit met veel gevoel ingerichte eetcafé met terras is heel geschikt voor gezinnen met kinderen. De degelijke keuken bereidt vis- en vleesgerechten (heerlijke spareribs!). Ook staan er internationale specialiteiten op de kaart, en is er een goed saladebuffet. Als nagerechten wedijveren de sorbets en de appeltaart om de aandacht. Let op de cocktailkaart!

Zand en zee – **Het Badhuys**: Badweg 3, tel. 0562 45 19 92, lunch 12-17, avondkaart vanaf 17 uur, pizza vanaf € 12, gerecht vanaf € 13. Eten aan het strand (pizza, vlees- en visgerechten) met sprookjesachtig uitzicht op de zee in een van de twee strandpaviljoens van Vlieland. In de zomer: swinging nights en beachparty's.

Havenlounge – **Havenpaviljoen De Dining**: Havenweg 70, tel. 0562 45 10 20, www.dedining.nl, dag. vanaf 10 uur, gerecht vanaf € 11. Strandpaviljoen met een mooi zicht op de uitgebreide jachthaven en de Waddenzee. Op het grote loungeterras kunt u tijdens mooi weer genieten van cocktails. Op de royale menukaart vindt u onder meer een erg lekkere salade.

Uitje – **Het Posthuys**: zie blz. 74

Winkelen

Vlooienmarkt – za. 13-15.30 ur aan het begin van de Dorpsstraat.

Bakkunst – **Bakkerij Westers**: Dorpsstraat 98. Hier kunt u onder andere cranberrybrood en superlekkere Vlielandse appeltaart kopen.

Drank van het eiland – **Slijterij De Branding**: Dorpsstraat 58, sterkedrank, cranberrywijn, kruidenbitter en meer alcoholische dranken en drankjes.

Eilanddelicatessen – **Delicatessenwinkel Zilt**: Dorpsstraat 8, www.ziltvlieland.nl. Aan het begin van de Dorpsstraat vindt u deze winkel met heerlijke etenswaren. De hoge witte stellingen zijn gevuld met olijfolie, cranberrymarmelade, chocolade, kruiden en keukengerei. In de vitrines verse kaas, vlees en olijven.

IJs voor alle seizoenen – **De Friese IJssalon Min12**: Dorpsstraat 84, www.min12.nl. Of het nu hoogzomer is of midden in een koude winter: ijs van echt goede kwaliteit smaakt altijd. Deze minimalistisch ingerichte ijssalon dient tevens als foyer van de theaterzaal van Podium Vlieland (voor meer informatie zie hierna, bij Uitgaan).

Vlieland

Uitgaan

Zien en gezien worden – **De Oude Stoep**: Dorpsstraat 81, www.deoudestoep.nl. Een veelzijdige gelegenheid waar iedereen wat van zijn gading vindt: het feestcafé (open vanaf 21 uur), de disco ('s zomers dag. vanaf 23 uur) en de gezellige pub (vanaf 23 uur), waar u de late uurtjes gezellig kunt doorbrengen.

Eilandse gezelligheid – **Café de Zeevaert**: Dorpsstraat 61, www.dezeevaert.nl. zo., wo., do. 19-1, vr., za., 17-1, vr., za., happy hour 17-18, 22-23 uur. In dit gezellige café met eigen troubadour komt een gemêleerd publiek met een zwak voor het Nederlandse levenslied.

Theater, film en festival – **Podium Vlieland**: Dorpsstraat 84, www.podiumvlieland.nl. Een kleine bioscoop, dieprood pluche, met bijbehorend theater. Er zijn regelmatig theatervoorstellingen en films.

Sport en activiteiten

Strand – Fijn stuifzand, kindvriendelijk (in juli / aug. in de buurt van duinovergang Badweg een strandwacht; strandpaviljoen).

Zwemmen – **Zwembad Flidunen**: De Uitlegger 2, www.sportcompexflidunen.nl. Overdekt zwembad met vijftig meter lange glijbaan, jetstream, veel sport- en spelmogelijkheden rondom het bad.

Fietsverhuur – **Aan de kade**, Dorpsstraat 2, 8, 17 en 113.

Fietsen – Uitgebreid fietspadennetwerk: informatie bij de VVV, zie blz. 73.

Noordzeevissen en wrakduiken – informatie bij de VVV, zie blz. 73.

Paardrijden – **Eilander manege Edda**: Fortweg 9, tel. 0562 45 11 28; **Manege De Seeruyter**: Badweg 3, www.manegedeseeruyter.nl. Les en tochtjes voor beginners en gevorderden, ponytochtjes, huifkartochten.

Tennis – Bij **Strandhotel Seeduyn**: Badweg 3, tel. 0562 45 15 60. **Tennisclub Vlieland** bij het zwembad: reserveren tel. 0562 45 10 10.

Midgetgolf – **Midgetgolfbaan Eldorado**: bij het kantoor van Staatsbosbeheer in het bos achter de veerhaven, tel. 0562 45 17 33.

Outdoor-evenementen – **Evenementenbureau Jan van Vlieland**: Havenweg 7, tel. 0562 45 14 62, www.vlielandevementen.nl. Een tocht met de garnalenkotter, Noordzeevissen, parachutespringen, strandzeilen, windsurfen en meer.

IJsbaan – De natuurlijke IJsbaan, gelegen op een prachtig plekje midden in het bos, is in de winter een van de leukst denkbare uitjes. Te bereiken via de Lutinelaan of de Badweg, en dan de Langebaan op.

Windsurfen – Op de Noordzee en ook op de Waddenzee.

Wandelen – Staatsbosbeheer heeft op het eiland diverse gemarkeerde wandelroutes (3,5-5,5 km; informatie: VVV) aangelegd. Ook zijn er wandelingen met gids mogelijk (inlichtingen en kaartjes kunt u bij **Bezoekerscentrum De Noordwester** krijgen, zie blz. 67). Er worden wandelingen gehouden met thema's als wadlopen, duinwandelingen, excursies naar **Kroon's Polders** (zie blz. 74, voor vogelliefhebbers zeer aan te bevelen), een rondgang met de nachtwacht (niet alleen voor kinderen spannend!), een door Rijkswaterstaat georganiseerde wandeling, tijdens welke onder andere onderwerpen als strandophoging, landwinning en golfbrekers aan de orde komen.

In de buurt

Kooispleklid en **Cranberryvlakte** (▶ Kaart 2, G 8): duingebied ten westen van het Vuurboetsduin, dat uiteindelijk uitmondt in een vlakte vol cranberry's. **Nieuwe** en **Oude Kooi** (▶ Kaart 2, G 8): de nieuwe, nooit in gebruik genomen eendenkooi ligt vlak voor het Pad van Twintig en is tegenwoordig een paradijs voor allerlei vogels. De oude een-

Oost-Vlieland

denkooi bevindt zich in het oudste, uit de 19e eeuw daterende bos van Vlieland, vlak achter het Pad. Hier werden tot de Tweede Wereldoorlog eenden gevangen. Het bos doet hier heel woest aan en is een prachtig plekje voor een pauze.
Bomenland (▶ Kaart 2, G 8): deze grote naaldboomaanplant voor het Posthuys dateert uit het begin van de 20e eeuw. Inmiddels groeien er naast naald- steeds meer loofbomen – die veel minder water nodig hebben. Bij elkaar vormen ze een afwisselend landschap. Wie er zin in heeft kan een stukje van het gemarkeerde wandelpad volgen.
Dodemansbol (▶ Kaart 2, G 8): op het kleine begraafplaatsje tegenover Bomenland vonden zeelieden die aan besmettelijke ziektes waren overleden hun laatste rustplaats..
Vliehors: zie blz. 74.

Informatie en data

VVV: Havenweg 10, tel. 0562 45 11 11, www.vlieland.net, ma-vr. 9-12.30, 13.30-17 uur en ook 's avonds en za. / zo. bij aankomst en afvaart van het veer en de snelboot.
Veer: meerdere keren per dag veer- (ca. 1,5 uur) en snelbootverbindingen (ca. 45 min.) vanaf Harlingen. Kaartjes verkrijgbaar in Harlingen of op www.rederij-doeksen.nl.
Autovrij: gasten mogen geen auto meenemen naar het eiland. Op het eiland worden ze bij aankomst van de veerboot opgewacht door **taxi's**, **paard- en wagen**, **lijn-** en **hotelbussen**. Wie zelf wil lopen naar zijn huisje of hotel en zijn bagage daar wil laten bezorgen, kan terecht bij www.bagagevervoer-vlieland.nl
Jachthaven: Havenweg 28, tel. 0562 45 17 29.
Rondje Vlieland/Geitenloop: 25 km lange wandeling in juni door duinen, dorp en langs het strand.
Vlieland Groet: coole strandparty in het eerste weekend van aug., www.dam20.nl
Into the Great Wide Open: popfestival in het eerste weekend van sept., www.intothegreatwideopen.nl

Eilandgeluk in de duinen

8 Als u het lef hebt – door de 'Sahara van het noorden' en naar Texel

Kaart: ▶ Kaart 2, F 9–E 10
Duur: met boottocht (1,5 uur): dagtocht

Bij het Posthuys staat Maarten Nijman al te wachten. Hij zal u in zijn omgebouwde vrachtwagen door de duinen en over een geweldige zandvlakte vervoeren naar het meer dan honderd jaar oude reddingsstation – nu een juttersmuseum. Met wat geluk krijgt u zeehonden te zien. Dan gaat het verder naar de 'Vriendschap', een oude viskotter die u al deinend over de golven meeneemt voor een dagtochtje naar Texel.

De 'Sahara van het noorden'

Het Posthuys 1 dankt zijn naam aan de postiljon van het eiland, die hier verbleef. Vroeger werd de post hiervandaan met paard en wagen 8 km verderop naar een vast punt op de Vliehors gebracht; daar ontmoette men de Texelse postbode. Deze nam de post per boot mee naar Texel en hij zorgde voor verder vervoer naar Amsterdam. Het was voor de Vlielandse postiljon beslist geen eenvoudige taak om de post te vervoeren, want op de Vliehors kon het flink tekeergaan. Desondanks slaagde men er in de verrassend snelle tijd van 10 à 12 uur in de post van Vlieland naar Den Helder te vervoeren. En in Amsterdam wachtten de rijke kooplieden vol ongeduld op bericht van de binnenkomende schepen. In 1927 vervingen vliegtuigen de postroute over land en zee en tegenwoordig is het Posthuys een aangenaam rustpunt voor fietsers en wandelaars.

Anti-breekpolder

Iets verder naar het westen liggen **Kroon's Polders** 1. Deze polders ontstonden uit nood. Hier verloor het eiland steeds meer gebied aan de zee. Om te voorkomen dat het eiland in twee delen uiteen zou vallen, werd dit gebied met succes ingepolderd. Staatsbosbeheer laat het tussen 1900 en 1930 door dijken omringde natuurbeschermingsgebied

⑧ Door de 'Sahara van het noorden'

regelmatig onder (zee)water lopen, om het op deze manier zo aantrekkelijk mogelijk voor vogels te maken. Met name de eidereend, de belangrijkste broedvogel van Vlieland, heeft zich hier in groten getale genesteld. Naar schatting zijn er elk jaar enkele duizenden. Daarnaast broeden hier nog ongeveer zeventig andere vogelsoorten.

Werkgelegenheid of natuur

Aan het einde van de Polderweg mogen fietsers niet verder. Voor hun voeten strekt zich een enorme zandvlakte uit: de **Vliehors** ❷, die ietwat onbescheiden ook wel de 'Sahara van het noorden' wordt genoemd. Wat oppervlakte betreft beslaat de Vliehors bijna de helft van heel Vlieland. Sinds het einde van de Tweede Wereldoorlog is het een militair oefenterrein waar zeker in het begin vooral het laagvliegen werd geoefend. Omdat het gebied ook onder natuurbescherming staat, klonk er steeds meer protest tegen de vlieg- en schietoefeningen die hier van september tot april plaatsvonden. De Vlielanders zelf houden zich over dit onderwerp liever op de vlakte: zolang het duurt zijn de militaire activiteiten naast het toerisme de belangrijkste bron van werkgelegenheid op het eiland.

Met een vrachtwagen door het drijfzand

De Vliehors is in het weekend, als er geen militaire oefeningen plaatsvinden, vrij toegankelijk, maar het is af te raden om zelf over de vlakte te gaan zwerven. Er wordt regelmatig scherpe munitie gevonden, hele stukken vlakte blijken uit drijfzand te bestaan en ook de plotseling opkomende zee kan een bedreiging vormen.
Dankzij de **Vliehors-Expres** is het desondanks mogelijk de 'Sahara' te bezichtigen, want Maarten Nijman vervoert zijn gasten met vaste hand over de zandvlakte. Hij kent het gebied als zijn broekzak en heeft zelfs een afspraak met de militairen: als hij hen telefonisch waarschuwt, wachten de vliegers tot de excursie veilig is gepasseerd. Met zijn MAN-vrachtwagen rijdt Nijman ongestoord over de Vliehors.
Het gaat verder naar het **Vlielander Reddingshuisje** ❸, een van dé herkenningspunten van Vlieland. Het honderd jaar oude voormalige reddingsstation op palen biedt midden op de zandvlakte een mooie aanblik en is dan ook op vele ansichtkaarten terug te vinden. Wie weet liggen er wat zeehonden uit te rusten op het zand. Tegenwoordig is er binnen een klein, aan het strandjutten gewijd museum ingericht. De merkwaardigste vondst die er te zien is, is een kunstgebit.

> **Overigens:** Maarten is niet alleen gids en chauffeur; als u het wil kan hij ook getuige zijn bij uw trouwerij. Het Reddinghuisje is namelijk een van de populairste **trouwlocaties** in Nederland.
> Steeds vaker geven geliefden elkaar hier het ja-woord. Sinds kort kan men ook trouwen op het strand van Texel, voor het strandpaviljoen bij paal 33.

De eidereend: een van de meest geliefde zomergasten

Vlieland

Texel groet u ...

Verder naar het zuidwesten ligt een 150 m lange steiger. Aan het einde daarvan legt de **Vriendschap** aan, een kotter die bezoekers van en naar het buureiland Texel brengt. In het kader van deze leuke dagtrip zet men voet aan land in de buurt van de vuurtoren (zie blz. 63); vlakbij vindt u een heerlijk **strandpaviljoen** 2 bij paal 33. Blijft u daar niet te lang: als u op de fiets klimt, kunt u het grote buureiland gaan verkennen…

Informatie

Vliehors-Expres: tel. 0562 45 19 71, www.vliehorsexpres.nl, kaartverkoop in winkel 't Zeepaardje, Dorpsstraat 138; vertrek in de zomer vanaf het Posthuys om 13.45 uur (bus om 13 uur vanaf veerdam), buiten het hoogseizoen vanaf Strandhotel Seeduyn om 13 uur. In het hoogseizoen worden er ook avondexcursies gehouden met kampvuur, warme chocolademelk en livemuziek, di.-do. 20 uur vanaf Bolder / camping Stortemelk, Seeduyn.
Dagtochtje naar Texel: mei-sept.; vanaf het Posthuys met de Vliehors-Expres, tot tweemaal per dag; voor tijden vooraf informeren: www.wad denveer.nl of tel. 0222 31 64 51. Na een halfuur komt de steiger in zicht, waar Sil Boon al wacht met zijn schip de Vriendschap (kaarten in 't Zeepaardje, Dorpsstraat 138), en nog een half-uur later zet u voet aan wal op Texel. Verder met de bus of op de fiets (meegebracht of huren bij het paviljoen); u vaart om 16/17 uur terug. Juli/aug. dag., anders di.-do., zo.

Even bijkomen

Na een fietstocht is **Het Posthuys** 1 een geschikte plek om neer te strijken, ook voor gezinnen met jonge kinderen. Er worden onder meer smakelijke sandwiches en pannenkoeken geserveerd (meestal vanaf € 8). Er is een groot terras, maar ook binnen is het goed toeven. Het modern ingerichte etablissement met een ruime sortering aan boeken in de kast maakt dat u de tijd snel vergeet. Soms is er 's avonds een speciale aanbieding voor het diner, bijvoorbeeld een twee-gangenmenu vanaf € 25 (Postweg 4, 7 km ten westen van het dorp, tel. 0562 45 12 82, www.posthuysvlieland.nl, dag. 9.30-17 uur).

Ook bij het **Strandpaviljoen** 2 op Texel bij paal 33 kunt u heerlijk op uw gemak genieten van een snack of een biertje; binnen uit de wind of buiten in de zon op het terras met prachtig uitzicht op de Waddenzee (Volharding 4, tel. 0031 06 24 27 16 91).

Terschelling

Slingerend door de smalle vaargeul, vlak langs het vogeleiland Griend, vaart de veerboot naar het op één na grootste Nederlandse Waddeneiland, Terschelling (30 km lang, max. 4,5 km breed). Bij aankomst in het schilderachtige haventje in het al even schilderachtige dorp West-Terschelling, waant men zich in mediterrane contreien. Dat wordt mede veroorzaakt door de wat rommelige drukte en het is dan ook geen toeval dat Terschelling veel jongeren aantrekt. Het aantal restaurants, cafés en activiteiten is daar ook op afgestemd.

Toch is het 5000 inwoners tellende eiland niet uitsluitend ingesteld op de jeugd; juist de veelzijdigheid maakt Terschelling voor veel toeristen zo aantrekkelijk. Wie niet van de drukte houdt, gaat 's avonds en in het weekend gewoon niet naar **West-Terschelling** en **Midsland** – de overige dorpjes langs de 16 km lange hoofdweg die van west naar oost over het eiland loopt, zijn veel rustiger. Behalve 'West', dat op afgesleten duinen ligt, liggen alle dorpen in de polder aan de zuidkant van het eiland. In de duinen aan de noordkant liggen alleen de uit vakantiehuizen bestaande plaatsjes **West aan Zee** en **Midsland aan Zee**. "Skylge' (of 'Schylge'), zoals Terschelling in het Fries heet, is landschappelijk zeer divers en heeft ook voor liefhebbers van rust meer dan voldoende te bieden – zelfs in het hoogseizoen. Op het eiland ligt in totaal 70 km aan fietspaden. Deze voeren onder andere naar de **Boschplaat**, een 4400 ha groot natuurgebied dat de hele oostkant van Terschelling beslaat.

Het eiland telt verder aan de zuidkant een 1300 ha grote polder waar veel boeren het land bewerken en duizenden vogels leven, grote stukken bos (617 ha), kwelders, aan de westkant een enorme zandvlakte, de **Noordsvaarder**, en een onafgebroken 30 km lang en tot 1 km breed strand met heel fijn zand. De duinen langs de kust vormen het grootste aaneengesloten natuurgebied dat Nederland rijk is, waar de helft van alle wilde planten van het land voorkomen – in totaal zijn het zo'n 700 soorten. Terschelling, dat voor tachtig procent uit ongerepte natuur bestaat, geldt niet voor niets als het best bewaarde natuurgebied van de Waddeneilanden.

Landbouw heeft op Terschelling altijd een belangrijke rol gespeeld, maar rijkdom vergaarden de eilanders door de walvisvaart, het loodswezen en de koopvaardij. De belangrijkste handelsroutes van Amsterdam naar de Oostzee liepen door het Vlie (tussen Vlieland en Terschelling) en het Marsdiep (ten zuiden van Texel). Ongeveer een kwart van de Oostzeevloot deed in de 17e eeuw de havens van Vlieland en Terschelling aan. Tegen het einde van de 18e eeuw luidde de opkomst van het stoomschip het einde van de zeilscheepvaart in. Men stapte over op kustvisserij (vooral haring, mosselen en oesters). De inkomsten daaruit liepen gestaag terug, maar al snel bood het toerisme uitkomst. Vandaag de dag leven de meeste Terschellingers van deze branche.

Terschelling

West-Terschelling ▶ J 7

De aankomst in West, zoals de eilanders hun hoofddorp noemen, is een belevenis. Het bedrijvige plaatsje (ca. 2700 inw.) met zijn mooie huisjes wordt overschaduwd door de **Brandaris**, de enorme vuurtoren. De cafés aan de haven zijn drukbezocht, de terrassen zitten er vol. Iedereen wil kunnen zien wie er allemaal aankomen. ❾ blz. 79.

Aan weerszijden de veerboot liggen in de enige **natuurlijke haven** van Nederland tot vierhonderd schepen tegelijk voor anker. De garnalenkotters richten hun metalen armen met de enorme sleepnetten hier hoog in de lucht. Ze worden omringd door grote jachten en talloze zeilschepen van de bruine vloot. De bemanning daarvan neemt plaats op het dek of aan de kade, in de wetenschap dat hun schip vanzelf wel aandacht zal trekken.

Zeeliedenmonument

W. Barentszkade volgen tot het Groene Strand, vlak voor Paviljoen De Walvis

Dit indrukwekkende monument uit 1993 herdenkt allen die op zee achterbleven. Met opstaande kraag staat de zeemansvrouw daar, de blik strak op zee gericht. Slechts het opschrift – 'Jullie zijn niet echt dood, jullie leven voort in onze harten' – biedt haar enige troost.

Centrum voor Natuur & Landschap

Burgemeester Reedekerstraat 11, tel. 0562 44 23 90, www.natuurmuseumterschelling.nl, in het hoogseizoen ma.-vr. 9-17, za., zo. 14-17 uur, anders informeren naar openingstijden, € 5,50

Dit museum behandelt de natuur, de natuurgeschiedenis en de soorten landschap van het eiland (er is een fraai getijdenmodel). De expositie belicht Terschelling met veel tekst en uitleg, het aquarium is laagdrempeliger. De meeste bezoekers trekt het roggenbassin, waar de glibberige vissen mogen worden aangeraakt.

Overnachten

Pure luxe – **Hotel Schylge:** Burgemeester van Heusdenweg 37, tel. 0562 44 21 11, www.westcordhotels.nl, 2pk vanaf € 150. Dit luxueuze, recent gerenoveerde hotel met 85 ruime kamers en tien gezinssuites ligt prachtig aan de baai van West. Alle kamers hebben een balkon of terras. Er zijn, naast een ruim aanbod aan sport- en recreatieve activiteiten, een zwembad, een brasserie en een restaurant. De torenkamer en de bruidssuite zijn sprookjesachtig. Ook appartementen.

Goede wijn behoeft geen krans – **Hotel-Restaurant Nap:** Torenstraat 55, tel. 0562 44 32 10, www.hotelnap.nl, 2pk vanaf € 115. Dit hotel aan de voet van de Brandaris is een van de oudste van het eiland; van het terras en vanuit de Brandarissuite (met whirlpool) kijkt u op de toren uit. De 32 frisse, comfortabele kamers hebben allemaal een eigen bad, douche en wc; de goedkopere kamers (zonder bad) en de kamers 30 en 34 voor gezinnen liggen in een aangebouwd deel. Met restaurant, café, lounge en solarium.

Eilandsfeer – **Hotel-Café-Restaurant Oepkes:** De Ruyterstraat 3, tel. 0562 44 20 05, www.oepkes.nl, 2pk ca. € 100. In een op het gebeier van de kerkklokken na heel rustig zijstraatje van de Torenstraat ligt dit gezellige huis met 19 kamers.

Alle kamers hebben douche of bad en wc, het restaurant is goed. Aanrader: lamsstoofpot voor € 18.

Jeugdherberg – **Stayokay Terschelling:** Burgemeester van Heusdenweg 39, tel. 0562 44 23 38, www.stayokay.com, mrt.-okt., daarbuiten ook in de vakanties en

⑨ Gordel van kapiteinshuizen – West-Terschelling

Kaart: ▶ J 7

Het is al spectaculair om te arriveren in West-Terschelling (kortweg: West), het is alsof u aanlegt in de enige natuurlijke haven die ons land telt. Eens leefde men in dit bruisende stadje op grote voet, zoals de vele kapiteinshuizen laten zien. De mooie oude geveltjes in de schaduw van de vuurtoren laten al wat zien van het leven van destijds. Wilt u echt weten hoe het er in het rijke verleden aan toe ging? Geen probleem: twee van de huizen in dé straat van West zijn een museum geworden.

West ligt in de luwte van de duinen en het bos en is ook op (gedeeltelijk afgevlakte) duinen gebouwd. Nadat de Engelsen het dorp in 1666 platbrandden, is het helemaal herbouwd. Hoe rijk de bewoners vroeger waren, is het beste te zien in de Commandeurstraat, maar ook in bijvoorbeeld de Molenstraat en de Willem Barentszstraat staan heel oude, overwegend met veel liefde gerestaureerde huizen.

Amsterdam stond model

De **Commandeursstraat** ontleent zijn naam aan de vele schitterende bakstenen commandeurshuizen (ofwel kapiteinswoningen) die er staan. Ze zijn naar Amsterdams voorbeeld versierd met trapgevels, sierlijke friezen en fraaie raam- en deurkozijnen van rode baksteen. Als een kapitein thuis was, werd er buiten een klein ankertje opgehangen. Voor veel van de deuren staan nog de stoepstenen die ooit markeerden tot waar het perceel van de eigenaar doorliep. De hoge, smalle kalkstenen (vrijwel allemaal uit de 17e eeuw) zijn rijk bewerkt. Elders op het eiland werden deze stenen vaak gebruikt als grafzerk. De blikvanger in deze mooie, boomrijke straat is cultuurhistorische **Museum**

Terschelling

't Behouden Huys [1] op nr. 30-32; het kon onmogelijk passender worden gehuisvest dan in deze twee commandeurshuisjes. Het met veel gevoel ingerichte Behouden Huys (genoemd naar de plek waar de op Terschelling geboren ontdekkingsreiziger Willem Barentsz in 1597 op Nova Zembla overwinterde) toont in twee stijlkamers hoe de huizen er in de 19e eeuw van binnen uitzagen. Behalve aan de scheepvaart, de strandjutterij, het loods- en reddingswezen is er een speciale afdeling gewijd aan Barentsz: met onder andere een (nagebouwd) tussendek van het schip waarmee hij Spitsbergen ontdekte.

Maritiem verleden

Op de hoek waar de Commandeurs- de Torenstraat kruist, staat **Het Wakend Oog** [1], een bijzonder bezienswaardigheid. Dit fraaie gebouw uit 1882 is vanouds het trefpunt van de zeelieden. Het huisje bood bescherming tegen wind en regen en was een favoriet plekje voor vissers die er hun zeemanslatijn verkondigden. De bijnaam is niet voor niets het 'Leugenbankje'. Tegenwoordig is het als koffie- en theehuis voor iedereen toegankelijk. Opvallend: het wakende oog boven de ingang.

Een paar stappen verder herinnert een ander gebouw ook aan de maritieme geschiedenis van West: het kleine, niet sensationele, maar verzorgde **Visserijmuseum Aike van Stien** [2], met oude foto's, dia's, scheepsmodellen en gebruiksvoorwerpen. De wisselende exposities zijn niet alleen leuk voor kinderen.

Geen eiland zonder vuurtoren

Op een eigenaardige plek, namelijk midden in het dorp, torent hoog boven de huizen van West de voor het eiland zo kenmerkende vuurtoren uit, de **Brandaris** [3], die wellicht is vernoemd naar de Ierse abt Brandaan. De 55 m hoge vierkante toren is de oudste vuurtoren van Nederland (1594). De vuurtoren werd door de grote brand in 1666 ontzien, doet nu al meer dan vier eeuwen lang dienst en is tegenwoordig van alle moderne snufjes voorzien. Hij is van belang voor het bewaken van een groot deel van het Noord-Hollandse kustgebied. De toren is niet meer te bezichtigen, maar op de eerste verdieping bevindt zich een kleine trouwzaal. Alle inkomsten daarvan gaan naar de instandhouding van dit Terschellinger herkenningspunt.

• •

Informatie en openingstijden

VVV en staatsbosbeheer verzorgen een historische **dorpswandeling** (reserveren bij de VVV, zie blz. 83).
Museum 't Behouden Huys [1]: tel. 0562 44 23 89, www.behouden-huys.nl, apr.-okt. ma.-vr. 10-17, za. 13-17, 15 juni-sept. ook zo. 13-17, nov.-mrt. wo.-za. 13-17 uur, € 3.
Visserijmuseum Aike van Stien [2]: Raadhuisstraat 4, achter het VVV-gebouw, tel. 05 62 44 33 88, www.visserijmuseumaikevanstien.nl, mei–okt. ma.-vr. 10-12.30, 14.30-17.30, nov.-apr. do.-za. 14-17 uur, € 2.

Genieten!

Het Wakend Oog [1] ontleent zijn aantrekkingskracht niet aan zijn topkeuken, maar wel aan de aangename atmosfeer (tel. 0562 44 23 71, lekkere tosti's, broodjes, hamburgers vanaf € 4). De bijzondere locatie voert meteen naar twee andere gelegenheden: de beschutte terrassen van **Restaurant-Grand Café Zeezicht** [2] bieden naast de uitgelezen keuken een eersterangs uitzicht op de haven, de veerboot en de Waddenzee. De specialiteit van het vaak drukke restaurant is de zeetong, maar de

9 West-Terschelling

vegetarische schotels en de lams- en visgerechten zijn ook heerlijk (W. Barentszkade 20, tel. 0562 44 22 68, www.zeezicht-terschelling.nl, gerecht vanaf € 15, voordelige menu's). Schitterend is ook het uitzicht vanaf het overdekte terras van strandpaviljoen **De Walvis** 3 aan het Groene Strand. Het populaire café heeft lekkere cocktails en bierspecialiteiten (www.walvis.org, voorjaar-herfst do.-di. 10-24, daarbuiten tot 22 uur).

En 's avonds?

Populair onder de eilanders is **Café-Biljart Lieman** 1, het oudste café van het eiland met biljart en zo nu en dan livemuziek (Westerbuurtstraat 27, tel. 0562 44 95 68). Dansen kan in **Bar-Dancing De Braskoer** 2 met café voor een gevarieerd publiek, en disco voor de jongeren (Torenstraat 32, www.braskoer.nl, vaak livemuziek, in het seizoen dagelijks dj's, daarbuiten alleen in het weekend). Een geschikt (dans) café voor de wat oudere jongeren is **Bar Oka 18** 3 (Molenstraat 17, www.oka18.nl).

Theaterspektakel

Tien dagen vanaf half juni worden de mooiste plekken van het eiland ingenomen door het internationaal bekende straattheater- en muziekfestival **Oerol** (www.oerol.nl): op het strand, op het water, in het bos, in West en in de andere dorpen (vroegtijdig overnachtingen boeken!).

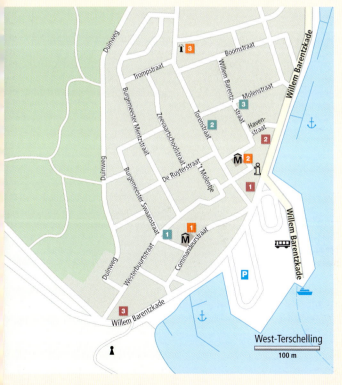

Terschelling

Het Oerolfestival: sinds dertig jaar een mix van theater, muziek en natuur – hier aan het strand van West

de weekends, bedden vanaf € 21, weekendtoeslag, diverse arrangementen.
Op 50 m van de Waddenzee ligt dit fris gerenoveerde huis, dat slaapzalen biedt, maar ook één- tot zespersoonskamers; sommige hebben een eigen bad. Met restaurant, bar, zonnig terras en tal van activiteiten.

Camping – De Kooi: Hee 9, aan de voet van de Arjensdûne, tel. 0562 44 27 43, www.campingdekooi.nl, eind apr.-half sept. Grote, schaduwrijke camping tussen het bos en de duinen, vlak bij het duinmeertje van Hee. Met een speeltuin en een eetcafé. Op 4 km van het strand.

Eten en drinken

Klein maar fijn – Restaurant Pickwick's: Torenstraat 19, tel. 0562 44 22 23, www.pickwicks.nl, gerecht vanaf € 17. Uitstekend restaurant met mediterrane seizoenskeuken. Hier treft u ook de Terschellingers zelf. Veel hout in het gezellige interieur, buiten een omheind terras. Een aanrader is de lamskotelet van de grill.

Seizoensproducten – Mediterraan Restaurant Caracol: Molenstraat 7, tel. 0562 44 36 94, www.caracol.nl, met klein **wellnesshotel**, di.-zo. keuken 17-ca. 22 uur, gerecht vanaf € 15. Mediterrane en Hollandse seizoenskeuken in gezellige sfeer; 's zomers is het prettig om op het kleine, rustige terras te eten. De *caldeirada*, een Portugese stoofpot, is heerlijk.

Altijd gezellig – Amsterdamsche Koffijhuis: Willem Barentszstraat 17, tel. 0562 44 27 00, www.ak-terschelling.nl, feb.-dec. dag. 16-1 uur, gerecht vanaf € 13. Gezellig eetcafé, waar u de tijd vergeet. Tip: het kaasplateau.

Biologisch dynamisch – De Dis Croissanterie-Traiterie: Boomstraat 17, www.dedis-terschelling.nl, dag. 10-20 uur, Broodjes vanaf € 2,50, pizza vanaf € 7. Dit broodjesparadijs heeft meer dan

West-Terschelling

vijftig koude of warme variaties in het aanbod. Ook om mee te nemen.

Winkelen

Eilandheerlijkheden – De Jutter: Boomstraat 14, www.typisch-terschelling.nl. *Het* adres voor delicatessen van het eiland, zoals Terschelllinger kaas, cranberryproducten, honing, waddenzout.

Sport en activiteiten

Strand – Breed, kindvriendelijk strand met fijn zand bij West aan Zee, bewaakt bij paal 8 (juli / aug., paviljoen).

Zwembad – **Zwemparadijs De Dôbe:** Sportlaan 7, tel. 0562 44 22 57. Overdekt subtropisch zwembad voor groot en klein, met buitenterras, whirlpool, sauna, Turks stoombad en glijbanen. Vr. 19-21 uur disco in het zwembad.

Fietsverhuur – O. a. **Knop:** Torenstraat 10-12; **Zeelen:** W. Barentszkade 15.

Fietsen – Uitstekend 70 km lang **fietspadennetwerk**. Informatie, kaarten en boeken van georganiseerde tochtjes bij de VVV. Ook informatie voor fietstochtjes op eigen gelegenheid.

Nordic walking – Bewegwijzerde route bij West-Terschelling. Informatie verkrijgbaar bij de VVV.

Paardrijden – 45 km lang **ruiterpadennetwerk**; maneges in Hoorn, Landerum.

Strandzeilen – Mei-sept.: alleen tussen paal 1 en 8 (clubhuis Brandaris bij paal 8, West aan Zee) toegestaan, daarbuiten op het hele strand. Informatie: **Strandzeilschool Beausi**, tel. 0562 44 80 55, www.strandzeilschool.nl.

Windsurfen – De **Plaat**, ten oosten van West, is afgebakend; surfstrand aan de **Waddenzee** bij de zeevaartschool (richting Midsland).

Tennis – **Tennisbaan West:** Sportlaan 2, tel. 0562 44 24 09, 0562 44 31 68.

IJsbaan – Op de plas **Doodemanskisten**.

Wandelen / Rondleidingen – Excursies worden verzorgd door de VVV en Staatsbosbeheer. De meeste rondleidingen kunnen bij de VVV worden gereserveerd, evenals de tochten van **Terschellinger Natuurtochten** (www.terschellingernatuurtochten.nl). Twee **gemarkeerde routes:** Groene Strand – Doodemanskisten – Seinpaalduin (rood, 4 km, begin aan het einde van de Willem Barentszkade) en door het bos van West (blauw, 6,2 km, begin aan de Longway bij het kantoor van Staatsbosbeheer). **Wandelgids: Sporen in het zand** met 11 natuurwandelingen van 5 tot 15 km. Verkrijgbaar bij de VVV.

Wadlopen – Informatie bij de VVV.

Tocht met een garnalenkotter – bijv. op de **TS 9**, reserveren noodzakelijk, tel. 06 53 41 19 52. Tijdens de ca. drie uur lange tocht worden garnalen gevangen, gekookt, gewassen en opgegeten.

Tocht naar de zeehondenbanken / sportvissen – Aanlegplaats van de **Talisman** tegenover de VVV, kaartverkoop ook daar, aan boord of www.terschellingrondvaart.nl.

In de buurt

Noordsvaarder, **Kroonpolders** en **Boschplaat:** ⑩ blz. 85.

Informatie en data

VVV: Willem Barentzkade 19 a, tel. 0562 44 30 00, www.vvvterschelling.nl, ma.-vr. 9.30-17.30 (okt.-apr. 9.30-17), za. 10-15 uur.

Jachthaven: tel. 0562 44 33 37, www.jachthaventerschelling.nl.

Veerboot: 3-6 maal per dag veer- (ca. 2 uur) of snelbootverbiging (ca. 50 min, fietsen en auto's mogen niet mee) vanaf Harlingen (kaarten daar of op www.rederij-doeksen.nl).

Onderweg op het eiland: in West staan bij aankomst van de veerboot taxi's en bussen klaar. Route lijn 120: West–Midsland–Formerum–Hoorn–Oosterend; route lijn 121 (mei-nov.): West–Midsland–Midsland aan Zee–West

10 Van zandplaat naar zandplaat: Terschelling van west naar oost

Kaart: ▶ J 7-N 5
Route: in één richting ca. 37 km. **Duur:** inclusief omwegen een dagtocht

U kunt hier door het ene beschermde natuurgebied na het andere fietsen: ze zijn als parels van een ketting met elkaar verbonden. Duinpannen, zandbanken, moerasgebieden en kwelders, heide en bos. Aan het einde van de tocht komt u in Nederlands eerste Europees natuurreservaat, de Boschplaat. Wie moe is van het fietsen, stapt over op de huifkar.

De hoge duinen ten westen van West vormen een soort beschermende wal. De Trompstraat en de Duinweg leiden naar het **Seinpaalduin** 1, het zuidelijkste duin van de keten. De seinpaal op de top geeft vissers en andere zeelui sinds jaar en dag aan met welke windkracht ze rekening moeten houden. Aan de ene kant van het duin ligt West, aan de andere kant de weidse zandvlakte de Noordsvaarder en, iets verder, Vlieland.

'Aangemeerd ...'

De **Noordsvaarder** 2 bestaat behalve uit de zandvlakte ten westen van het dorp ook uit het hele duingebied tot aan paal 8, met de **Kroonpolders** 3 (lage duinen), moerasgebieden, heidevlakten en kwelders. Het 650 ha (exclusief de zandplaat) grote gebied, een van de meest afwisselende delen van het eiland, is sinds 1924 beschermd. Er liggen maar heel weinig paden; u kunt het beste naar het Groene Strand gaan en dan naar paal 3 en verder naar paal 5. De reusachtige zandbank maakt overigens pas sinds 1866 deel uit van Terschelling.

Zo veelzijdig als het landschap is ook de vegetatie. Naast vogels leven er veel vlinders, konijnen en muizen.

Door het bos van West (langs het overdekte zwembad, bij paddenstoel 23893 rechtsaf) voert een mooie route naar het **Duinmeertje** bij Hee. Die idyllische plas – het zoetwatermeertje ligt er uitnodi-

10 Terschelling van west naar oost

gend bij en er wordt 's zomers ook druk gezwommen – ontstond door graafwerkzaamheden voor de verhoging van de dijk. Er vlakbij ligt **Arjensdûne** [4], het hoogste duin van het eiland, met een fantastisch uitzicht over de omgeving.

Door bos en heide

De Duinweg gaat verder, langs het **Koreabos**, en even later verschijnt links de **Landerumer Hei** [5]. Dit enige behouden heidegebied van het eiland (14 ha) valt sinds 1924 onder natuurbeschermingsregels. In het uit oudere, tamelijk droge duinen bestaande heidelandschap groeien vooral gewone dopheide en struikheide.

Het **Formerumer Bos** – net als het overige bos op het eiland aangelegd tussen 1920 en 1935 – was eens een eentonig naaldbos, dat de zandverstuiving een halt moest toeroepen. Intussen ziet het bos er heel anders uit; de afwisselende beplanting lokt veel vogels.

Achter het bos strekt zich De **Koegelwieck** [6] uit. Dit weidse, beschermde natuurgebied met het 20 m hoge duin waar het naar genoemd is, bestaat uit stuifduinen. Het duin heeft zich hier in de 19e eeuw ruim 1 km naar het zuiden verplaatst.

In het nabije **Hoornse Bos** gaat u bij paddenstoel 22894 linksaf een bospad in. U rijdt langs een mooi bosmeertje tot aan paddenstoel 23047, hier gaat u rechtsaf. Op de Oosterender Badweg links aanhouden en vlak daarna bij paddenstoel 22695 fietspad De Bosplaat nemen.

Europees natuurreservaat

En dan is er de **Boschplaat** [7], waarvan het begin na ongeveer 7 km over het steeds langs de zuidrand van de duinen lopende fietspad bereikt wordt. Als eerste gebied in Nederland is het uitgeroepen tot Europees natuurreservaat. De Boschplaat beslaat een derde van het eiland en maakt pas sinds het droogvallen van het Koggediep, aan het einde van de 19e eeuw, deel uit van Terschelling. Door de vrijwel gelijktijdige aanwas van de Boschplaat en de Noordsvaarder was het eiland in oppervlakte ineens bijna verdubbeld; aanvankelijk was de Boschplaat een dorre zandbank, maar nu is het een uniek wetland. Moeras, natuurlijk bos, kwelders en vijf zeearmen van de Waddenzee zorgen voor een zeer diverse flora en fauna. Honderdduizenden trekvogels houden hier een tussenstop onderweg naar hun overwinteringsgebieden in Zuid-Europa en Afrika. Naast zilver- en kleine mantelmeeuwen, eidereenden en scholeksters broeden hier nog meer dan zeventig andere vogelsoorten, waaronder de zeldzame lepelaar. Bijna een kwart van alle planten die Nederland kent komt op de Boschplaat voor. Het lamsoor zorgt in juli voor een lila zee en lokt veel honingbijen; de lamsoorhoning is een traktatie.

- -

Informatie en routedetails

Route: van de Noordsvaarder tot het einde van de verharde weg bij de Boschplaat ca. 30 km, daarna nog ca. 7 km tot het meest oostelijke deel van de Boschplaat (let op: de terugweg kan bij tegenwind nogal eens veel langer duren dan de heenweg); van 15 mrt. tot 15 aug. is het westelijke deel van de Boschplaat niet toegankelijk.
Informatie over de Boschplaat: VVV (zie blz. 83) of Staatsbosbeheer, tel. 0562 44 21 16, www.staatsbosbeheer terschelling.nl

In de buurt

Direct aan het begin bij West-Terschelling bevindt zich aan het

Terschelling

Groene Strand **De Walvis** (zie blz. 81). Begint u liever eerst aan de terugweg? In Midsland-Noord nodigt **Gasterij d'Drie Grapen** 1 u uit. In de rustiek ingerichte oude schuur met openhaard en gezellig tuinterras – waar u bij kunt komen in de schaduw van de bomen, is de specialiteit kip uit 't vuistje: de gekruide, langzaam gegaarde kippenbouten zijn om de vingers bij af te likken (Midsland-Noord, Dorreveldweg 2, tel. 0562 44 89 75, keuken 15-20.30 uur, dec.-mrt. wo.-zo., menu € 30, reserveren).

> **Overigens:** een leuk alternatief is de **huifkartocht** 1 over de Boschplaat, die tot aan de uiterste oostpunt van het eiland gaat, bij het Amelander Gat. Afhankelijk van het getij voert deze tocht over het strand of het wad naar het oosten. Na ongeveer de helft van de zes uur durende tocht is er een rustpauze met koffie en thee (beginpunt: bij Terpstra in Hoorn, Dorpsstraat 20, tel. 0562 44 83 33, www.huifkarbedrijf-terpstra.nl, 's zomers dag.9.30-16.30 uur, € 27,50, reserveren).

Back to the fifties

In Oosterend wacht u iets bijzonders: **Heart Break Hotel** 2 direct aan het strand! Dit strandpaviljoen is helemaal ingericht in de stijl van de jaren vijftig – *Elvis was here*. Voor wie binnen uitgekeken en -gegeten is, is er buiten ook een aangenaam beschut terras. De kaart is Amerikaans-Terschellings, met hamburgers en andere snacks, dagelijks verse visschotels en vegetarische gerechten. Ook borrelhapjes. In het hoogseizoen elke avond livemuziek (Paal 18, Badweg, tel. 0562 44 86 34, www.heartbreak-hotel.nl, Pasen-okt., gerecht vanaf € 10). Het Heartbreak is ook een van de toplocaties van het Rock'n Roll Streetfestival in de zomer (zie blz. 88).

In 2010 bekroond als Beste Café van Nederland

Sinds dertig jaar drijft de populaire zanger Hessel in Hoorn zijn drukbezochte **Café Hessel** 3, en hij treedt er regelmatig zelf op. In het eetcafé staan uitstekende vis- en wildgerechten op het menu. Mooi terras met vloerverwarming (Dorpsstraat 82, tel. 0562 44 84 59, www.groeneweide.nl, dag. 10-2 uur, gerecht vanaf € 16).

aan Zee; in de vakanties en in de weekenden rijdt de nachtbus tussen 21 en 2 uur.
Braderie: op verschillende momenten zijn er vlooienmarkten op woensdag in juli en aug.

Midsland ▶ K 6

Vroeger, voordat de Boschplaat Terschelling steeds verder naar het oosten oprekte, lag dit mooie dorp in het hart van het eiland. Naast West is dit het enige dorp met een echt centrum. Midsland en de beide 'voorsteden' **Midsland-Noord** en **Midsland aan Zee** vormen het hart van het toeristische leven op het eiland. De golf toeristen stroomt overdag naar het strand, om 's avonds weer terug te komen, om van de nacht een dag te maken.

In het midden van Midsland staat het uit 1881 daterende **kerkje met een klein kerkhof**, en daarvandaan waaieren als altijd de twee drukste straten Oosterburen en Westerburen uit, maar het dorp is de laatste tien jaar sterk veranderd. In de hoofdstraat van **Oosterburen** zijn gerestaureerde gevels te zien (zie bijv. op nr. 23). Deze huizen zijn ouder en nog meer karakteristiek voor het eiland dan de commandeurshuizen in West. Midsland werd namelijk gespaard voor de grote brand in de 17e eeuw.

Strieper Kerkhof

Bij de kruising Hoofdweg/Oud Wagenpad; rondleiding te boeken bij de VVV
Op de oudste begraafplaats van Terschelling staan behalve stokoude grafstenen (10e eeuw) en rijk bewerkte grafzerken van walvisvaarders ook elders achterovergedrukte stoeptegels met inscripties (zie blz. 79).

Overnachten

Absolute rust – **De Wadvaarder:** Westerburen 30, tel. 0562 44 91 01, www.wadvaarder.nl, vanaf € 65. Het aantrekkelijke van dit pas gerenoveerde pension is de rustige ligging aan een boomrijke straat, op tien fietsminuten van het strand. Vier van de negen kamers hebben een eigen badkamer. Beschutte tuin, ontbijtbuffet.

Nostalgie en bloemenpracht – **In de Witte Handt:** Westerdam 30, tel. 0562 44 89 37, www.indewittehandt.nl, 2pk vanaf € 45, kamers voor 1-4 pers., geen toeslag voor 1 pk. Mooi pension met grote tuin, terras en zeven eenvoudige kamers, waarvan één met douche en wc op de kamer. Vraag een kamer aan de achterkant. Gratis toegang voor zwembad in West.

Eten en drinken

Geliefd onder eilanders – **Mexicaans Restaurant/Steakhouse El Leon Rojo:** Heereweg 11, tel. 0562 44 93 50, www.elleonrojo.nl, gerecht vanaf € 14. Goede vlees- en visgerechten bij deze Mexicaan. U zit goed in de rustieke eetzaal of op het grote tuinterras. Aanbevelenswaardig is de estofado (met rundvlees en bonen).

Winkelen

Locale producten – **'t Pieter Peits Winkeltje:** Oosterburen 23. Lekkere eilandproducten zoals boerenkaas, cranberry en duindoornproducten, mosterd, eilandbonbons en andere delicatessen.

Uitgaan

Uitgaansgebied – **Oosterburen** is de uitgaansstraat van Midsland, met disco **Bar-dancing Wyb** (nr. 11), bar, biljarten bruin café. Livemuziek za. in eetcafé **Onder de Pannen** (Heereweg 22, www.sjoerdvanterschelling.nl).

Sport en activiteiten

Strand – Breed, kindvriendelijk strand met fijn zand in **Midsland aan Zee**, bij paal 11 (juli, aug. met strandwacht; met paviljoen).

Terschelling

Fietsverhuur – De Groot: Westerburen 20.
Outdoor – Outdoor Terschelling: Oosterburen 39/41, tel. 0562 44 95 30, www.outdoor-terschelling.nl Mountainbiking, rafting, kanotochten, boogschieten, nordic walking en meer.

Informatie en data

Bus: Lijn 120 en 121 vanaf de veerhaven, zie ook blz. 83.
Sint Jan in Midsland: traditioneel eilandfeest op 25 juni; er worden onder meer pony- en werkpaarddraverijen gehouden in de hoofdstaat.
Makreel roken in Midsland: wie is de beste makreelroker van het eiland? Deze prangende vraag wordt beantwoord op een zondag in juni, tijdens een competitie in Midsland aan Zee.
Rock'n Roll Street: weekend eind aug./begin sept. in Midsland. Back in the fifties: in de straat Oosterburen draait alles om dans en muziek. Meer dan tien bekende en minder bekende bands uit binnen- en buitenland zijn hier in dit weekend te gast.
Veemarkt: op een donderdag in september wordt in Midsland de traditionele veemarkt gehouden. Tegelijkertijd vindt in de straat Oosterburen een markt plaats, waar de typische eilandproducten aangeboden worden.

Formerum ▶ K 6

Dit lintdorp ligt voor het grootste deel aan de hoofdweg over het eiland; alleen **Formerum-Noord**, een in het bos gelegen verzameling zomerhuisjes, campings en caravanterreinen, ligt buiten het lange lint. Het rustige Formerum (233 inw.) is de geboorteplaats van de zeevaarder Willem Barentsz, de naamgever van de Barentszzee ten noorden van Scandinavië. Misschien vond hij het hier te rustig, zodat hij op reis ging naar verre oorden (zie blz. 80).

Wrakkenmuseum De Boerderij
(11) Blz. 89.

Overnachten

Droomlocatie – Strandhotel-Eetcafé Formerum: Badweg 4, Formerum, tel 0562 44 86 29, www.strandhotelterschelling.nl, 2pk vanaf € 85. Fraai gelegen hotel, met eetcafé. Vijftig meter van het strand, met elf eenvoudige, kleine kamers (douche / wc op de gang). De kamers op de bovenverdiepingen zijn het mooist; de kamers aan de noordzijde kijken uit op de zee, die aan de zuidzijde op het bos.
Camping – De Appelhof: Zuid 12 a, tel. 0562 44 86 99, www.campingappelhof.nl, eind apr.-begin sept. Ook verhuur van tenten. Mooi onder appelbomen gelegen camping tegenover het Wrakkenmuseum, met goed sanitair. Zeer geliefd onder jongeren. Op 1,5 km van het strand. Met kantine, discotheek Big Apple en museumcafé.

Winkelen

Moderne volkskunst – Windwijzermakerij Van Dieren: Formerum 38 a, alleen in de zomer geopend. De mooie windwijzers worden inmiddels wereldwijd verkocht, www.windwijzers.com

Sport en activiteiten

Strand – Heel fijn zand, kindvriendelijk; tussen paal 11 en 12 is in juli en aug. een strandwacht; met paviljoen.
Fietsverhuur – O. a. **Zeelen:** Formerum 391. **Haantjes:** Koksbosweg 4; hier kunt u de fietsen ook vooraf online reserveren en afhalen bij de veerhaven. De bagage wordt gratis naar uw overnachtingsadres gebracht; www.fietsenopterschelling.nl

Informatie

Bus: lijn 120 vanaf de veerhaven, zie ook blz. 83.

11 De zee geeft en neemt – Wrakkenmuseum De Boerderij

Kaart: ▶ K 6

Hille van Dieren is duiker van beroep, en een echte verzamelaar. Hij heeft alles bewaard wat hij de afgelopen 25 jaar in zijn beroepspraktijk heeft gevonden in gezonken schepen. Tot aan het plafond is zijn museum volgestouwd met vondsten uit de zee: van nachtspiegel tot kostbaar vaatwerk en waardevolle munten uit het gezonken goudschip Lutine.

In 1906 werd de boerderij waarin dit privémuseum gevestigd is, gebouwd met drijfhout afkomstig van een Noorse driemaster. De dragende balken zijn oude scheepsmasten – zoals bij veel huizen op het eiland. Het materiaal werd gejut – op het strand 'gevonden'; indertijd een algemene hobby die voor sommigen noodzakelijk was om met het gezin rond te komen. Vanaf 1968 heeft Hillle hier zijn **Café** en **Wrakkenmuseum De Boerderij** 1 ondergebracht, een jutters- en duikersmuseum. In de loop van de tijd is er van alles 'aangegroeid' op het erf van de boerderij; alles aangetroffen op het strand en gevonden door duikteam Ecuador.

Dromen van verre landen

Er zijn niet veel musea waar zowel jongeren als ouderen enthousiast van worden. Elk groot of klein voorwerp in dit museum draagt een hele geschiedenis met zich mee; sommige getuigen van historische gebeurtenissen, andere zijn het overblijfsel van een persoonlijk drama van zeelieden. Het aantal verzamelde vondsten is eindeloos: een flessenpostcollectie, glas, keramiek, keukengerei, kleding, navigatie-instrumenten, tin, bronzen kanonnen, munten ... Maar er zijn een paar voorwerpen die speciaal opvallen. Kostbaar Baccaratkristal uit Frankrijk siert – hoewel enigszins verweerd – een groot aantal vitrines. Het is afkomstig van het verloren gegane

Terschelling

Deense schip Kursk, dat glaswerk vervoerde voor tsaar Nicolaas de Tweede; hij had het in 1904 in Parijs gekocht, maar helaas is het nooit in Rusland aangekomen ...

Strijd tegen scheurbuik

In het jaar 1840 werd een wel zeer belangrijke vondst gedaan op het eiland. De Terschellinger jutter Pieter Sipkes vond op het strand een groot vat. Hij trapte ertegenaan en het sprong open: het zat vol cranberry's uit Amerika. De vruchten werden door de bemanningen meegenomen omdat deze dankzij het hoge vitaminegehalte goed hielpen tegen scheurbuik. Sipkes zag er niets in, en liet de vondst achteloos liggen. Daarmee werd Terschelling de enige plek in Europa waar dit type cranberry's groeit – en wel in zulke grote hoeveelheden, dat het een van de belangrijkste streekproducten is geworden.

Lekker uitleven

Ook rondom het erf is een grote verzameling grotere stukken te vinden: een geweldige kinderspeeltuin. De enorme kanonnen op het buitenterrein spreken misschien wel het meest tot de verbeelding ...
Honger gekregen? Op de begane grond is een knus **café** ingericht, en op de leestafel liggen stapels materiaal, vooral tijdschriftarikelen over dit bijzonder vermakelijke museum.

Informatie en openingstijden

Wrakkenmuseum De Boerderij 1: Formerum-Zuid 13, www.wrakkenmuseum.nl, apr.-okt., kerst- en voorjaarsvakantie dag. 10-18, daarbuiten za.-zo. 10-18 uur, € 2,50.

Eilandse heerlijkheden …

… worden verkocht in de **Cranberry Lekkermakerij** 1: hier loopt het water je in de mond, zoveel als er geproefd kan worden. Natuurlijk staat de cranberry hier in het middelpunt van de proeverijen, maar er is ook nog veel meer te genieten (Mersakkersweg 5, Formerum, www.terschellingercranberry.nl, mrt.-nov. ma.-vr. 14 uur proeverij / rondleiding, winkel ma.-vr. 10.30-17, za. tot 16 uur).

Koffie met uitzicht

De voormalige korenmolen verhuisde in 1876 van de Dellewal in West naar Formerum. Onder de naam **De Koffiemolen** 1 is het sinds lang een begrip onder eilanders en toeristen. Al sinds veertig jaar kunt u boven onder het genot van een kop koffie met cranberrygebak of een heerlijke cranberrysorbet genieten van een wijde blik over de omgeving (Formerum 6, tel. 0562 44 88 55, in het zomerseizoen dag., daarbuiten alleen 's weekends en in de vakanties).

Wandelen in de buurt

Wie de calorieën weer wil verbranden, kan kiezen uit twee gemarkeerde wandelingen: het **Natuurpad Formerumer Bos** (geel, 4,5 km, beginpunt: Lies, bij de schuur van Staatsbosbeheer) of door de **Landerumer Hei** (zie ok blz. 85, rood, 4 km, beginpunt: Duinweg ten noordwesten van het dorp).

Hoorn ▶ L6

Hoorn (450 inw.) vormt met zijn oude oaksteen kerkje en de vele mooie huizen een vriendelijke, kleine gemeenschap; aan de westkant gaat het vrijwel naadloos over in Lies, waar wat winkels zijn.

De romaans-gotische **St. Janskerk** uit ongeveer 1250 is het oudste gebouw van het eiland (rondleidingen: tel.0562 44 81 07). Erg fraai zijn de met schepen bewerkte **grafstenen** op het kerkhof. Ten zuiden van de kerk staat de laatste **Sjouw** van het eiland. Deze paal gaf de boeren het teken dat het tijd was om te eten of om de koeien te melken: om half twaalf werd een bal gehesen, om half vier werd die weer gestreken (van half juni tot half sept. te zien).

Landbouwmuseum Het Hooivak

Kooiweg 3, tel. 0562 44 81 07, www.hooivak.nl, mei-herfstvakantie di.-vr. 14-17 uur

Honderd jaar boerenleven wordt hier aanschouwelijk gemaakt. Hier kunt u zelf boter maken, koren malen of oude kinderspelen spelen.

Hoorner Kooi

Hoofdweg richting Oosterend, na het voetbalveld rechtsaf; rondleidingen (mei-aug. 2 keer per week) te boeken via de VVV.

Door zijn ligging in een stukje bos in de polder (1655) is dit de mooiste eendenkooi van het eiland.

Overnachten

Klein paradijs – **De Walvisvaarder:** Lies 23, Lies, tel. 0562 44 90 00, fax 0562 44 86 77, www.walvisvaarder.nl, 2pk vanaf € 75, halfpension vanaf € 115, suites vanaf € 115. Authentiek hotel met open haard, in een oude boerderij en diverse bijgebouwen; met uitzicht op natuurreservaat De Koegelwieck. Mooi ingerichte kamers, tuinsuites. Met sauna, bar, restaurant, schoonheidssalon.

Groeten uit Ierland – **Hotel-Pension-Eethuis De Koegelwieck:** Dorpsstraat 35, tel. 0562 44 94 96, www.koegelwieck.nl, 2pk vanaf € 70, appartement vanaf € 200 per week, tuinhuisje vanaf € 95, Ierlandsuite vanaf € 95. Gezellig klein pension aan de Dorpsstraat, centraal gelegen, met een goed restaurant (zie onder) en mooie, romantische suites. Alle kamers hebben douche en wc. De eigenaars zijn grote Ierlandfans; dat is onmiskenbaar.

Camping – **Dennedune:** Duinweg Hoorn 50, tel. 0562 44 81 96, www.dennedune.nl, eind april-eind sept. Kleine, eenvoudige, zeer mooie gezinscamping aan de voet van een bebost duin, vlak bij de Badweg.

Eten en drinken

Ierse smaak – **Eethuis De Koegelwieck:** adres zie boven, do.-zo., hoofdgerecht vanaf € 18, maandmenu € 32, Iers menu € 30. Met liefde ingericht restaurant, met Ierse inslag. Terras en tuin. Gerechten met producten van het eiland. Laat de kokkin u vertellen wat het lekkerst is. Wisselend driegangenmenu (seizoenskeuken). Goede Franse en Zuid-Afrikaanse wijnen.

Iberische keuken – **Spaans Restaurant De Reis:** Dorpsstraat 58, tel. 0562 44 84 24, www.tapasopterschelling.nl. Het gezellige en gemoedelijke Spaans restaurant is gehuisvest in een oude boerderij. Op de kaart staan veertig altijd vers bereide tapas, specialiteit: paella, sangria en spareribs.

Winkelen

Op bezoek bij de imker – **De Bijenworf:** Lies 36, Lies, tel. 0562 44 84 00, mai-herfstvakantie wo., do. 14-16.30 uur. Het gaat hier weliswaar om de verkoop van honing en kaarsen van bijenwas, maar

Terschelling

het kleine imkermuseum, de tuin met de bijenkorven en de vakkundige rondleiding zijn een wezenlijk onderdeel van een bezoek.

Eilandproducten – **Pieter Peit's Hoeve:** Buitenwalweg 6-8, Lies, tel. 0562 44 85 01, www.pieterpeitshoeve.nl, ma.-vr. 10-18, za. 10-17, tuinrondleidingen ma.-za. 10.30 uur. Naast uitstekende zuivelproducten, waaronder negen soorten Terschellinger kaas, een divers aanbod van andere eilandproducten.

Sport en activiteiten

Strand – Heel fijn zand, kindvriendelijk; tussen paal 14 en 15. Geen strandwacht, maar noodtelefoon; paviljoen.
Fietsverhuur – **Bakker:** Dorpstraat 14; **Terpstra:** Dorpsstraat 56-92.
Paardrijden – **Manege Terschelling:** Dorpsstraat 104, tel. 0562 44 83 33, www.manegeterschelling.nl
Wandelen – **gemarkeerde route** door het Hoornse Bos; zie ook blz. 85, blauw, 6,2 km, beginpunt: parkeerplaats Duinweg/Hoornse Bos.
Wadlopen – Informatie: VVV in West.

Informatie

Bus: lijn 120 vanaf de veerhaven, zie ook blz. 83.

Oosterend ▶ L 6

Net voorbij het idyllische dorpje Oosterend (130 inw.), dat ooit echt op de oostpunt van het eiland lag, eindigt de weg – en daar voelt het aan als het einde van de wereld. Verder oostwaarts kan alleen met de fiets of te voet. Oosterend ontleent zijn charme mede aan de nabijheid van Grië en Boschplaat (zie blz. 85).

Wierschuur

Ten oosten van Oosterend: schuur uit de 19e eeuw waar zeegras werd gedroogd, en die tegenwoordig deel uitmaakt van een camping. Zeegras werd gebruikt als vulling voor kussens, als isolatiemateriaal en als dakbedekking.

Sport en activiteiten

Strand – Kindvriendelijk, bij paal 18 geen strandwacht, noodtelefoon, paviljoen.
Fietsverhuur – **De Boer:** Oosterend 8.
Tennis – **Tennisbaan Oost:** Bungalowpark Tjermelân, aan de Hoofdweg vlak voor het dorp, tel. 0562 44 89 81.
Wandelen – U kunt een wandeling maken met een gids naar de **meeuwenkolonie** op de Boschplaat (1,5 uur, zie ook blz. 85), reserveren bij de VVV in West.

In de buurt

De Grië (▶ L 6): afwisselend kwelderlandschap, 2 km lang en 400 m breed, waar de zee zijn invloed flink laat gelden. Het gebied telt naast kleine stukjes bos en de nodige elzenstruiken ook vier eendenkooien.
De Boschplaat: zie blz. 85.

Informatie

www.terschellingoosterend.nl
Bus: lijn 120 vanaf de veerhaven, zie ook blz. 83.

Wadlopen: volkssport in het waddengebied

Ameland

Op slechts 8 km van het vasteland strekt zich het lange en smalle Ameland uit voor de Friese kust. Bij helder weer zijn de kerktorens van de dorpen op het eiland en de zo markante, roodwit getreepte vuurtoren al vanaf de vertrekplaats van de veerboot te zien. Achter de Waddendijk liggen de **vier dorpen** in een vrijwel kaarsrechte lijn naast elkaar. Drie van die vier vallen onder monumentenzorg. Overal in de met kinderkopjes geplaveide straatjes heerst dorpse idylle. Veel van de fraai gerestaureerde commandeurshuizen stammen uit de 17e en 18e eeuw, de bloeitijd van de handelszeevaart en de walvisvangst, die het eiland tot statige welstand brachten. Het wat afmeting betreft middelste van de vijf Nederlandse Waddeneilanden is in het westen met 4 km op zijn breedst, terwijl naar het oosten Noordzee en Waddenzee steeds dichter naar elkaar toe komen. Langs de noordkust ligt een 27 km lang strand. In de **brede duinenrij** en de **natuurlijke bossen** liggen talloze gemarkeerde wandelpaden en 90 km aan fietspaden, die tot de verste uithoeken van het eiland lopen.

Op Ameland komt ongeveer veertig procent van alle plantensoorten van Nederland voor – waaronder veertien heel zeldzame – en er broeden zo'n vijftig vogelsoorten. Bovendien is Ameland het enige Waddeneiland waar reeën voorkomen. Het onbewoonde oostelijke deel van het eiland, het oude duinlandschap van **Het Oerd**, vormt samen met de zandvlakte **De Hôn** een uniek natuurgebied.

Ameland, dat door de bewoners zelf 'de ouwe Pôlle' ('de oude vlek') wordt genoemd, kan terugkijken op een rijke geschiedenis. In het midden van de 8e eeuw zouden de eerste eilanders zich hier al gevestigd hebben. Sinds 1681 is het eiland in bezit van de Oranjes; koningin Beatrix draagt daarom nog steeds de titel 'Erf- en Vrijvrouwe van Ameland'. Na het einde van de gouden eeuw en het tijdperk van de walvisvaarders begon een grote leegloop. Tot ongeveer 1950 voorzagen de eilanders moeizaam in hun levensonderhoud door middel van landbouw. Het is aan de opkomst van het toerisme, na de Tweede Wereldoorlog, te danken dat de economie het nu weer uitstekend doet.

Hollum ▶ O 5

Het grootste en meest westelijk gelegen dorp (1200 inw.) wedijvert met het naburige Ballum om wie de mooiste van het eiland is. Het silhouet wordt beheerst door de **Nederlands-hervormde kerk**, die wordt omringd door leuke, met veel groen omgeven huisjes en ouderwets bestrate weggetjes. Op het **kerkhof** zijn grafstenen van walvisvaarders en koopvaardijschippers te zien, vaak met maritieme taferelen. Tot de mooiste stenen behoort die van de in 1790 overleden commandeur Hans Barends. Hollum is naast Nes het drukste plaatsje van Ameland en de cafés en restaurants zijn altijd druk. Toch overheerst hier de sfeer van vroeger. De mooiste straatjes van het dorp zijn de met bomen om-

Ameland

zoomde **Oosterlaan** en **Burenlaan**, waar tal van 17e- en 18e-eeuwse commandeurshuisjes staan. Het **oudste huis** van het eiland, aan de Johannes Bakkerstraat 6, stamt uit het jaar 1516. In het bos ten noordwesten van Hollum staat hét herkenningsteken van het dorp en het eiland: de rood-wit gestreepte vuurtoren, die van elk punt van het eiland zichtbaar is en als de mooiste vuurtoren van de eilanden geldt.

Cultuurhistorisch museum Sorgdrager

Herenweg 1, tel. 0519 55 44 77, www.amelandermusea.nl, openingstijden zie website, € 3, beginpunt van de cultuurhistorische dorpswandeling

Een deel van het streekmuseum is gehuisvest in de commandeurswoning van de familie Sorgdrager. In de in stijl ingerichte woonkamer met zijn traditioneel betegelde muren betreedt u het dagelijks leven op Ameland van rond 1750.
Er zijn klederdrachten, volkskunst, vondsten van het Van Camminghaslot en het door de zee opgeslokte dorp Sier, exposities over het leven op het eiland en diavoorstellingen over de geschiedenis en cultuur van Ameland te zien. In de museumboerderij is een expositie ingericht over het leven op Ameland door de eeuwen heen, over landbouw en visserij, de walvisvangst en het reddingswezen. De walviskaak bij de ingang is trouwens echt.

Maritiem Centrum

Oranjeweg 18, tel. 0519 55 42 43, www.amelandermusea.nl, openingstijden zie website, € 4

In dit nieuwe, met zorg ingerichte museum is niet alleen veel foto- en filmmateriaal over het reddingswezen te zien, maar ook interactieve tentoonstellingen over de zee, zeevaart, scheepsnavigatie en dergelijke. Bijzonder zijn ook de tastbare museumstukken: een echt scheepsbrug, een model van een schip, een reddingsvlot voor schipbreukelingen, boeien, een radiokamer, een scheepssimulator en een boothuis met daarin de oude reddingsboot Abraham Fock, waar u ook op mag. In de buurt zijn de stallen van de paarden, die de boot te water lieten. Hier begint ook de spectaculaire **demonstratie met de oude reddingsboot**, een of meerdere keren per maand.

Molen De Verwachting

🟢 **12** blz. 95.

Overnachten

Sporthotel – Fletcher Hotel-Resort Amelander Kaap: Oosterhiemweg 1, tel. 0519 55 46 46, www.hotelamelanderkaap.nl, 2pk vanaf € 90, appartement per week vanaf € 350. Tussen het dorp en de duinen ligt dit viersterrencomplex met 40 keurige kamers en 136 appartementen.
Het verzorgde interieur contrasteert met het nietszeggende uiterlijk. Het complex is ideaal voor sportliefhebbers (tennis, squash, overdekt zwembad, golfterrein in onmiddellijke nabijheid). Er zijn een restaurant, café, bar, een speeltuin en in de vakanties wordt gezorgd voor een babysitservice en kinderactiviteiten.

Aan de rand van het dorp – Hotel-Pension Ambla: Westerlaan 33 a, tel. 05 19 55 45 37, www.ambla.nl, 2pk vanaf € 80. Klein hotel aan de rand van het dorp met uitzicht over de weilanden. Sommige van de tien kamers hebben een balkon en terras, alle hebben douche en wc. Ontbijtbuffet.

Jeugdherberg – Stayokay Ameland: Oranjeweg 59, tel. 0519 55 53 53, www.stayokay.com/ameland, mrt.-okt. en in de vakanties geopend, daarbuiten op aanvraag, 2pk vanaf € 50, 4pk vanaf € 92, 1pk vanaf € 21, incl. ontbijt, linnengoed

12 Amelander successtory – Molen De Verwachting

Kaart: ▶ O 5

Van 1840 tot 1949 draaiden hier de wieken van de oude molen hun gestage rondjes. De sloop van de molen in 1949 ging de Hollumers zo aan het hart, dat ze vanaf 1988 een net zo oud exemplaar op dezelfde plaats opbouwden en hem dezelfde naam gaven: De Verwachting. Het onderhoud van de molen wordt bekostigd vanuit het malen en verkopen van meel en het maken van de heerlijke Amelander mosterd.

Jan Pattje is is een man uit één stuk. Hij komt van het vasteland, is van huis uit slager en emigreerde meer dan dertig jaar geleden naar Ameland. Dat naast zijn vrouw en het eiland, de molen zijn derde grote liefde zou worden, kon de inmiddels gepensioneerde toen nog niet vermoeden. Pattje is een van de dertig vrijwilligers die Molen **De Verwachting** [1] tegenwoordig draaiende houden. Hij is inmiddels – net als zes van zijn collega's – gediplomeerd molenaar. En hij vertelt boeiend over de molen en het eeuwenoude handwerk.

'Zonder molen was het dorpsbeeld onvolledig'

Net als hijzelf, komt ook de 'nieuwe' molen van het vasteland, uit Brucht in de de provincie Overijssel. Met hulp van de gemeente, de bevolking, de provincie en een aantal gulle gevers kon de herbouw van de molen gefinancierd worden. Aanvankelijk werd hij alleen gebruikt als korenmolen, maar sinds 2004 ook voor mosterd, naar oud recept. Mosterd wordt gemaakt van mosterdzaad, water, azijn en zout. Kruiden worden pas later toegevoegd. 'De maalsteen,' aldus Pattje, 'komt uit de Eifel: Sterke lavabasalt.' In elk geval werkt hij uitstekend. Mosterdzaad, tarwe en rogge worden trouwens op Ameland zelf verbouwd. Puur biologisch.

Ameland

Het beste meel

Tegenwoordig maakt de verkoop van mosterd een groot deel van de inkomsten uit. Maar ook met de korenmolen maken de molenaars een steeds betere verdienste. Er wordt vier- tot vijfduizend kilo graan verwerkt en verder nog 3,5 tot vierduizend kg rogge, exclusief voor bakker De Jong in Nes. 'Het Amelander roggebrood is in heel Nederland bekend', vertelt Pattje, terwijl hij de machtige maalsteen van de korenmolen laat zien: 1,85 m in doorsnee.
Buiten op de molengalerij is het uitzicht geweldig. Maar daar heeft de molenaar nu geen oog voor; hij moet de wieken uitrichten: 'Je moet elke dag opnieuw je positie op de wind bepalen.'

Bezichtiging, verkoop

De Verwachting 1: tel. 0519 54 27 37, www.amelandermusea.nl, Pasen–eind okt., vakanties di.-za. 10-17, nov.-Pasen wo.-za. 13-17 uur, € 2,75.
Rondleidingen, film over mosterdmaken, tentoonstelling, museumwinkel met meel, pannenkoekenmix, heerlijke mosterd en meer.

Vuurtoren Bornrif Ameland

De rood-wit gestreepte **vuurtoren** 2 (1880) ligt idyllisch aan de rand van de duinen en het Hollumse bos. Wie de 236 treden van de 55 m hoge gietijzeren toren beklommen heeft, geniet van het prachtige uitzicht (tel. 0519 54 27 37, www.amelandermusea.nl, Pasen-okt. dag. 10-17, in juli/aug. soms ook 19-22, daarbuiten dag. 13-17 uur).

Eten aan de Oranjeweg

Hier bij **Metz** 1 (nr. 13) kunt u lekker vis eten: gerookt, gefrituurd, gebakken, gemarineerd, vers. Een geliefd toevluchtsoord in de schaduw van de vuurtoren is **Onder de Vuurtoren** 2 met een gedeeltelijk overdekt terras, speeltuin, bar (nr. 44, tel. 0519 55 40 69, www.onderdevuurtoren.nl, dag. vanaf 12 uur, pannenkoeken vanaf € 5).

Hollum

en toeristenbelasting. Weekendtoeslag € 1,50 pppn., korting met internationale jeugdherbergkaart. Comfortabele jeugdherberg in de duinen, redelijk dicht bij het strand. Alle 36 kamers voor 2, 4, 6 of meer personen hebben douche en wc. Kindvriendelijk, ruim opgezet. Restaurant, bar en fietsverhuur, sportterrein en speelplaats.

Camping – **Koudenburg:** Oosterhiemweg 2, tel. 0519 55 43 67, www.koudenburg.nl, hele jaar open. Kleine camping aan de rand van natuurgebied en duinen, 2 km naar strand, 1 km naar dorp. Met Ierse pub, snackbar, sauna, tennisbaan en speeltuin, golfterrein vlakbij; 250 m naar supermarkt. Fietsverhuur, caravanverhuur en bungalows.

Eten en drinken
Pizza & co. – **Il Vulcano:** Schoolstraat 8, tel. 0519 55 41 64, www.ilvulcano.nl, dag. 16-22 uur, gerecht vanaf € 6. Vriendelijk, mediterraan ingericht eethuis met een klein terras aan de straat. Voor pizza's, pasta's en salades. Ook om mee te nemen. Speeltuintje.

In de zon zitten – **Herberg De Zwaan:** Zwaneplein 6, tel. 0519 55 40 02, www.herbergdezwaan.nl, dag. 10/11-1 uur, gerecht vanaf € 14. Dit statige oude huis in het centrum is heel sfeervol; met name de herenkamer is prachtig. Gevarieerde kaart met Amelander producten (visschotel € 20) en mediterrane invloeden.

Menukaart op de tekentafel – **De Griffel:** Burenlaan 41, tel. 0519 55 41 35, www.degriffel.net, hoofdgerecht vanaf € 11, pannenkoek vanaf € 5. Dit restaurant is gevestigd in een oud schoolgebouw met veranda en terras. Het op een schoolbord geschreven menu herinnert aan de vorige functie van het gebouw. De gemarineerde steaks zijn heerlijk. Tip: als nagerecht een kaasplateau van Amelandse kaas met mosterd uit Hollum (€ 8).

Winkelen
Schapenmelkerij – **De Sûd Himmerik Hoeve:** Lombokweg 2, tel. 0519 55 48 11, apr.-okt. ma., di., do.-za. 9.30-12, 13.30-18.30, za. slechts tot 16 uur. Schapenkaas te koop. Bij het schapenmelken (ca. 17.30 uur) en bij de kaasproductie mag u meekijken.

Kaasmakerij – **Kaasboerderij Ameland:** Pietje Miedeweg 6, tel. 0519 55 44 59, apr.-okt. ma.-za. 10-17 uur, de rest van de tijd za. alleen 16 uur. Er worden verschillende boerenkazen gemaakt; rondleidingen.

Uitgaan
Dorpscafé – **Café De Welvaart:** Burenlaan 4, www.dewelvaart.nl. Bruine kroeg met biljart, groot terras en koel bier aan de lange tapkast.

Muziekcafé – **Bar De Griffel:** zie hierboven, vanaf ca. 22 uur. Populair ontmoetingspunt met muziek, een biljart en snacks.

Sport en activiteiten
Strand – Breed; met fijn zand, 's zomers bewaakt aan het eind van de Oranjeweg; leuk paviljoen. (www.thesunset.nl).

Fietsverhuur – **Visser:** Oranjeweg 28; **Nobel:** Yme Dûneweg 7.

Paardrijden – **Rijstal Nella Dorien:** Oranjeweg 20, www.nelladorien.nl

Golf en meer – **Zilverberg recreatiecentrum Boomhiemke:** Jan Roepespad 4. Midget, sauna, zonnebank, bowling. **D'Amelander Duinen:** Oosterhiemweg 20, tel. 0519 55 42 19. Mooi gelegen baan, 9 holes.

Catamaranzeilen – **Catamaran Club Ameland:** Cor de Jong, www.catclub-ameland.nl, apr.-okt.

Wadlopen – Beginpunt van de 1,5 uur durende **wadlooptocht**: einde van de Pietje Miedeweg, voorjaar tot herfst. Hoge sportschoenen, hardloopschoenen of surfschoenen zijn onmisbaar. Informatie bij de VVV.

Ameland

In de buurt

Rietplak (▶ O 5): ten noorden van Hollum. Mooie wandeling van het einde van het Jan Roepespad over het Herderpad en Rietpad door het drassige natuurgebied Rietplak. Op Ameland wordt ieder jaar ongeveer 35 km riet en rijshout aangebracht om te voorkomen dat de duinen wegwaaien. Het in het natuurgebied de Rietplak gesneden riet wordt over het Rietpad vervoerd. Ten zuiden van het Rietpad ligt het **Engelsmanduin**, een prachtig uitkijkpunt.

Paardengraf (▶ O 5): ten zuidwesten van Hollum, vlak bij het Tjettepad. Dit gedenkteken van een door paarden getrokken reddingsboot herinnert aan een zwarte dag voor het Amelander reddingswezen. Op 14 augustus 1979 verdronken acht van de tien paarden bij een poging een in nood geraakt jacht te redden.

Informatie

VVV: Fabrieksweg 6, tel. 0519 54 65 46, www.vvvameland.nl, ma.-vr. 9-12 uur.

Ballum ▶ O 5

Ballum (350 inw.) is het kleinste van de vier dorpen. Het is eerder rustig en gezellig dan druk en toeristisch. Aan de door oude bomen omzoomde hoofdstraat, de **Van Camminghastraat** staan de twee kerken van het dorp en ligt een mooi, door drie wegen en hoge olmen omgeven plein. De straat is genoemd naar de heren van Ameland. De Van Cammingha's (1425-1681) heersten streng over het eiland, maar bezorgden Ameland wel grote roem. Ballum was destijds de belangrijkste plaats van het eiland. Op de plek van het in 1829 gesloopte Van Camminghaslot staat nu het gemeentehuis, met een aan dat kasteel gewijde expositie. De kleine **Nederlands-hervormde Kerk** is 's zomers te bezichtigen. Het pronkstuk van dit sobere kerkje uit 1832 en het mooiste kunstwerk van het eiland is de prachtige kansel, een uit 1604 daterend renaissancistisch houtsnijwerk.

Oude **commandeurshuisjes**, waarvan vele onder monumentenzorg zijn ge-

Zelfs de grootste plaats op het eiland, Hollum, heeft een landelijk aanzien

plaatst, en klinkerweggetjes zorgen voor een knusse sfeer. Op de hoek van de Strandweg en de Hollumerweg staat het voormalige **armenhuis**; een van de oudste gebouwen in Ballum.

Overnachten

Traditioneel – **Hotel Nobel:** Gerrit Kosterweg 16, tel. 0519 55 41 57, www.hotelnobel.nl, 2pk vanaf € 105. Rustig en gezellig hotel in de dorpskern, 19 ruime, stijlvol ingerichte kamers, restaurant en bar. De kamers op de begane grond hebben een terras, sommige kamers een whirlpool; Turks stoombad, solarium, mooi terras voor de deur.

Camping – **Roosdunen:** Strandweg 20, tel. 0519 55 41 34, www.roosdunen.nl, hele jaar geopend. Camping tussen dorp en strand (1 km van zee). Goede sanitaire voorzieningen, snackbar, winkels, wassalon, minigolf, tennis, speeltuin, openluchtzwembad.

Eten en drinken

Dineren onder kroonluchters – **Nobel:** adres zie boven, menu € 36-50, gerecht € 23. Bij het gelijknamige hotel hoort dit mooie à-la-carterestaurant, waar onder de kroonluchters verrassingsmenu's van drie tot vijf gangen worden geserveerd. Lekkere gerechten als eend met koriander. Ook vegetarische menu's.

Winkelen

Spitiualiën – **Nobel:** zie boven. Leuk als souvenir: de naar geheim recept gestookte likeur Likör Nobeltje (32%).

Sport en activiteiten

Strand – 1,5 km van het dorp, 's zomers bij paal 7 een strandwacht. Zwemmen bij de **zandbank Bornrif** ten noordwesten van het eiland is verboden.

Openluchtzwembad – **Stichting Recreatiecentra Ameland:** Strandweg 20, www.roosdunen.nl, half mei-aug., 25 m-bad, 35 m lange waterglijbaan, kinderbad.

Fietsverhuur – **Nobel:** van Camminghastraat 20.

Rondvluchten – **Aero Service Ameland:** Vliegveld Ballum, Gerrit Kosterweg 11, www.ameland-rondvluchten.nl

Parachutespringen – **Paracentrum Ameland:** Vliegveld Ballum, www.skydive-ameland.nl, apr.-okt. Lessen.

Manege – **De Blinkert:** Van Camminghastraat 13, www.rijstaldeblinkert.nl; **Le Cheval:** Strandweg 13, www.rijstallecheval.nl. Ook huifkartochten.

Huifkartochten – **E. Visser:** Smitteweg 6, tel. 0519 55 41 97.

Windsurfen – In de Ballumerbocht.

Sleepnetvissen – Juli/aug., informatie: VVV. Vanaf het strand worden krabben, schollen, zeesterren en kwallen gevangen. Leuk voor kinderen.

Speelparadijs – **De Speelboerderij:** Van Camminghastraat 16, www.speelboerderijameland.nl, openingstijden zie website. In een oude boerenschuur; met cafetaria voor de volwassenen.

In de buurt

Ballumerbocht / Museumhaven ▶ P 5): in deze baai leggen nu alleen nog maar pleziervaartuigen aan, en sinds 1988 vertrekt hiervandaan de reddingsboot (zie ook blz. 94). In 1847 is er ter bescherming van de kust een strekdam aangelegd. Op de dijk staan beelden van twee dijkwachters die uitkijken over het wad: symbool voor de eeuwige strijd tegen de zee.

Lange Duinen (▶ P 5): het gebied tussen Ballum en Hollum valt aan de kant van de Noordzee uiteen in brede duinen in het noorden en een met dopheide en wat verdwaalde orchideeën begroeid moeraslandschap. Er broeden zo'n vijftig vogelsoorten (15 mrt.-15 aug. niet toegankelijk). Er loopt een fietspad door het gebied.

Roosduinen (▶ O 5): met blauwe palen gemarkeerde wandelroute vanaf parkeerplaats Roosdûnen; van de Ballumer

Ameland

Stuifdijk is het uitzicht over het eiland prachtig. Dit mooie wandelgebied ten noordoosten van Ballum met duinen, heidevelden, poeltjes en jong bos vat de hele Amelandse natuur in het klein samen.

Zandbank Bornrif (▶ O 5): doordat de vaargeul Borndiep tussen Terschelling en Ameland langzaam verschuift, heeft zich voor het strand een zandbank gevormd. Hierdoor is een grote binnenzee ontstaan die bij vloed volloopt. Daar leven talloze vogelsoorten en er komen zelfs af en toe zeehonden een kijkje nemen.

Data

Jaarmarkt oude ambachten Ballum: eind juli. Demonstraties van oude ambachten en technieken uit vroeger tijd, met de nadruk op landbouw.

Nes ▶ P 5

Op een steenworp afstand van de aanlegsteiger van de veerboot ligt Nes, de hoofdplaats en de 'poort' naar Ameland. Het dorp is er in grote lijnen in geslaagd zijn lieflijke karakter te behouden. Cafés, restaurants, hotels en boetiekjes zijn harmonieus tussen de eeuwenoude **commandeurshuizen** gevlochten, en rond het gerestaureerde **Kerkplein** waant de bezoeker zich – zeker buiten het hoogseizoen – zomaar een eeuw in de tijd teruggeplaatst. In de zomer daarentegen is Nes druk en levendig en slenteren de toeristen de hele nacht door de **Van Heeckerenstraat**, de uitgaansstraat van Nes.

Opvallend is de vrijstaande toren vlak bij het Kerkplein: de **Nessumer toren** die al sinds de 18e eeuw dient als baken voor zeelui. Nog ouder, namelijk uit 1625, is het huisje aan de **Rixt van Doniaweg 8**, het oudste van Ameland met een mooi gekromde gevel. Een ander karakteristiek gebouw in het dorp is de **St. Clemenskerk** aan de Kardinaal de Jongweg. Dit bakstenen gebouw met zijn leien dak (1878) is gemodelleerd naar de Noorse stavkerken en ontworpen door Pierre Cuypers, die ook het Amsterdamse Rijksmuseum ontwierp. Binnen is een gietijzeren kruiswegstatie van de Duitse beeldhouwer Keller te zien.

Molen De Phenix

Molenweg, tel. 0519 54 27 37, Pasen-eind okt., vakanties di.-za. 13-17, daarbuiten vr., za. 13-17 uur, € 2,50
Zorgvuldig gerenoveerde graanmolen, die bij tijd en wijle nog in gebruik is. Van het meel dat dan gemalen wordt maken de bakkers op het eiland hun heerlijke molenbrood. Ook verkoop van mosterd en meel.

Natuurcentrum

Strandweg 38, tel. 0519 54 27 37, www.amelandermusea.nl, openingtijden zie website, € 5,75
Naast de ook voor kinderen interessante permanente expositie over het ontstaan, de flora en fauna en de landschapsvormen van het eiland, staan hier de potwalvissen centraal. Er zijn een compleet skelet van een gestrande walvis en een replica van een blauwe vinvis te zien. Kinderen vinden het zeeaquarium het mooist. Op sommige dagen kunt u ook het voeren van de vissen bijwonen (telefonisch meer informatie). In een onderaardse tunnel is een tentoonstelling te zien over de ontwikkeling van Ameland in de afgelopen 100.000 jaar. Het museum organiseert veel wandelingen en excursies.

Overnachten

Luxeherberg – Westcord Hotel Noordsee: Strandweg 42, tel. 0519 54 66 00, www.westcord-hotel-noordsee.h-rez.com, 2pk vanaf € 90, appartement (tot 4 pers.) vanaf € 70 per nacht.

Nes

Tussen dorp en strand (1 km) gelegen hotel met alle denkbare comfort: alle tachtig kamers (waaronder 24 suites) en dertig appartementen hebben een open keuken, douche, wc, balkon of terras. Verder is er een café, restaurant, overdekt zwembad, sauna, zonnebank, speelplaats.

Mooi plekje – Hotel Bos- en Duinzicht: Strandweg 27, tel. 0519 54 23 68, www.bosenduinzicht.nl, 2pk vanaf € 85, incl. huurfiets en taxi naar de veerhaven. Rustig familiehotel op loopafstand van strand, bos en dorp, met 26 gezellige kamers (bad / douche, wc); degelijke Hollandse kost; bar, terras.

Midden in het dorp – Hotel De Jong: Reeweg 29, tel. 0519 54 20 16, www.hoteldejong.nl, 2pk vanaf € 85. In dit kleine hotel (12 kamers) met zijn goede restaurant (met Amelander specialiteiten en seizoensmenu's) bent u overal vlakbij; enkele kamers met douche / bad, wc.

Camping – Duinoord: Jan van Eyckweg 4, tel. 0519 54 20 70, www.duinoord.eu, apr.-okt. Grote, goed geoutilleerde camping aan het strand, met winkel, restaurant, snackbar en veel sportmogelijkheden. Leuk voor jongeren en voor gezinnen.

Eten en drinken

Geraffineerd en stijlvol – Het witte Paard: Torenhoogte 5, tel. 0519 54 22 09, www.hetwittepaardameland.nl, 's zomers dag. vanaf 17 uur, gerecht vanaf € 20, reserveren gewenst. In vele opzichten uitstekend restaurant in een gebouw uit 1734. Ook seizoenskeuken met bijv. lamsvlees, wild, mosselen en asperges. Geraffineerde vis- en vleesgerechten; ook vegetarische gerechten.

In de oude pastorie – Grandcafé Van Heeckeren: Kerkplein 6 / Van Heeckerenstraat, tel. 0519 54 29 11, www.van-heeckeren.nl. Vis- en vleesspecialiteiten € 18-23, kindergerechten € 6-9. In een stijlvolle, mediterrane sfeer wordt fantasierijk en seizoensgebonden gekookt. Mooi groot terras. Lounge-atmosfeer, fingerfood, sushi en meer.

Ook leuk voor kinderen – Dinercafé Rixt: Rixt van Doniastraat 6, tel. 0519 54 22 59, www.rixt.nl, gerecht € 16,50. Modern, trendy restaurant midden in het dorp. Internationale keuken met Amelandse producten. Tip: tweegangenmenu voor € 20. Twee terrassen.

Een goed alternatief – Pizzeria San Remo: Ballumerweg 3, tel. 0519 54 27 20, www.ameland-pizza.nl, ma.-vr. 16-23, za., zo. 12-24 uur, pizza vanf € 8, vis / vleesgerecht vanaf € 16. Genieten van smakelijke pizza's en Italiaanse specialiteiten in de nissen van een omgebouwde stal. Mooi terras.

Winkelen

Vishandel en -cafetaria – Metz: Reeweg 27, www.vishandelmetz.nl. Vis in alle variaties. Onder andere Amelander meerval, harder, snapper en gerookte marlijn en makreel.

Amelander kruidenbitter – Slijterij De Jong: Rixt van Doniastraat 1, www.gallengallameland.nl

Uitgaan

Dansen – De Swinging Mill: Molenweg 12, www.swingingmill.nl; **De Lichtboei:** Kerkplein 3, www.delichtboei-ameland.nl. Toegang: 22-1.30 uur.

Hollands top-100 café – Nescafé: Van Heeckerenstraat 10, www.nes-cafe-ameland.nl. Tot in de kleine uurtjes veertig soorten bier bij goede muziek. Ook restaurant met seizoenskeuken (o.a. vis en lamsvlees), met verwarmd terras.

Dorpskroeg – Café De Herberg: Reeweg 28, www.deherbergameland.nl. Biljart, darts en een koel biertje ...

Sport en activiteiten

Strand – Fijn zand, kindvriendelijk, bij paal 13 's zomers strandwacht, paviljoen met exclusieve likeur.

Ameland

Fietsverhuur – **Kiewiet:** Marten Janszenstraat 6, Jan van Eyckweg 4 (Camping Duinoord) en bij de veerhaven; **Nobel:** Strandweg 10.

Kottertochten naar de robben- en mosselbanken – Vanaf de veerkade, met de Zeehond (www.robbentochten.com), Ameland Waddentravel (www.robbentocht.nl) of Bruinvis (www.bruinvis.nl, ook sportvissen).

Paardrijden – **Manege 't Jutterspad:** Bureweg 25, www.jutterspad.nl

Windsurfen – Ten westen van de veerhaven. Informatie: tel. 0519 54 30 58, www.funsport-ameland.nl

Nordic walking – Burgemeester Waldaweg 3, www.fitwalkingameland.nl. Workshops; beginpunt: Strandweg (parkeerplaats achter Restaurant Paal 13).

In de buurt

Hazenspoorroute (▶ P/Q 5): beginpunt achter zwembad Aqua Plaza (Molenweg). Met hazenpootafdrukken bewegwijzerde route door het bos. Onderweg informatiepanelen.

Hagendoornveld (▶ P 5): wandeling van 2,5 uur (beginpunt aan de Ballumerweg) rondom het natuurgebied Hagendoornveld.

De Vleyen (▶ Q 5): groot recreatiegebied ten noordoosten van Nes. Geweldig voor kinderen! Op 15 ha volop sport en spelplezier: roeien, kanoën en vissen, speeltuinen met spannende boog- en hangbruggen; speel- en ligweides, eiland met 'echte' ridderburcht, picknickgebied, verschillende hutten, toiletten.

Informatie en data

VVV: Bureweg 2, tel. 0519 54 65 46, www.vvvameland.nl, ma.-vr. 9-17, za. 10-15 uur.
Jachthaven: Oude Steiger 3, www.waddenhavenameland.nl
Veerboot: 8 tot 14 keer per dag, vr., za. elk uur (ca. 45 min.) vanaf Holwerd. Kaartverkoop aldaar, reservering auto en inlichtingen over vaartijden tel. 0519 54 61 11; hotline Rederij Wagenborg, informatie vaartijden tel. 0900 455 44 55 www.wpd.nl
Taxi's en **bussen** staan bij aankomst klaar. Goede verbinding tussen de dorpen (lijn 130, 131, 132).
Rôggefeest: eerste vrijdag van aug. in Nes. Dit populaire straatfeest staat in het teken van muziek, theater en show. Leuk voor kinderen: jongleurs, clowns en goochelaars.

Buren ▶ Q 5

Het relatief jonge Buren kan wat charme en schoonheid betreft niet wedijveren met de drie andere dorpen op Ameland. Van oudsher wordt Buren gedomineerd door boerderijen, waarvan er veel inmiddels zijn omgebouwd tot vakantiehuizen of groepsaccommodatie. Hoewel een groot deel van de toeristen in en om Buren verblijft, zijn winkels en horecagelegenheden er schaars. Dat komt beslist door de nabijheid (1 km) van het drukkere Nes. Het dorpsleven speelt zich af rond de **Hoofdweg** en de **Strandweg**. Daar bevinden zich de restaurants, snackbars, hotels en een supermarkt.
Op het dorpsplein herinnert het **standbeeld van Rixt van Oerd** met de haviksneus aan de droevige geschiedenis van deze vissersweduwe. Volgens het verhaal lokte de vrouw met een lantaarn schepen het strand op, tot zij op een dag haar zoon onder de verdronken zeelui aantrof. De legende vertelt dat ze er krankzinnig van werd. Tijdens stormnachten zou haar geest nog over het strand rondwaren.

Landbouw- en jutters museum Swartwoude

Zie blz. 106.

Overnachten

Zeezicht – **Strandhotel Buren aan Zee:** Strandweg 85, tel. 0519 54 21 10, www.strandhotelburenaanzee.nl, 2pk vanaf

Buren

100. In de duinen, met uitzicht op zee, ligt dit ongekunsteld modern ingerichte hotel met 27 kamers. Alle kamers hebben een balkon of terras en internetaansluiting, sommige met keukentje. Sauna, zonnebank, stoombad.

In het dorp – **Hotel De Klok:** Hoofdweg 1, tel. 0519 54 21 81, www.hoteldeklok.nl, 2pk vanaf € 80. Het enige hotel van Buren, met 25 grote, moderne kamers. Naast een sauna, bar café, restaurant (gerechten ca. € 20) en een drukbezocht terras in de zon. De rustiger kamers zijn aan de achterkant.

Camping-plus I – **De Kiekduun:** Strandweg 65, tel. 05 19 54 23 89, www.kiekduun.nl, hele jaar open. Deze camping ligt dicht bij het strand en op tien minuten lopen van het dorp. Sauna, winkel en restaurant, caravanverhuur.

Camping-plus II – **Recreatieoord Klein Vaarwater:** Klein Vaarwaterweg 114, tel. 05 19 54 21 56, www.kleinvaarwater.com, hele jaar open. Deze grootste camping van het eiland ligt pal achter de duinen, op 1 km van het strand. Prima sanitaire voorzieningen, restaurant, café, snackbar, supermarkt, ruim recreatief aanbod, overdekt zwembad; gezinsvriendelijk. Verhuur van stacaravans en huisjes.

Eten en drinken

Erg gezellig – **Eetcafé De Driesprong:** Hoofdweg 15, tel. 0519 54 29 22, www.driesprongameland.nl, gerecht vanaf €14. Drukbezocht eetcafé midden in het dorp. Tip: Amelander meerval.

Aan het strand – **De Heksenhoed:** tel. 0519 54 25 54, www.kleinvaarwater.com, gerecht vanaf € 11, pannenkoeken € 5. Erg relaxte sfeer in een van de mooiste strandpaviljoens van het eiland. Erg lekker: mosterdsoep en stoofpotjes.

Sport en activiteiten

Strand – Breed, met fijn zand, kindvriendelijk; aan het einde van de Badweg 's zomers bewaakt; paviljoen.

Zwembad – **De Golfslag:** Klein Vaarwaterweg 114 (Recreatieoord Klein Vaarwater), www.kleinvaarwater-ameland.nl. Klein overdekt zwembad met 25-meterbad, kinderbad en lange glijbaan. Leuk voor als het een keer regent.

Fietsverhuur – **Metz:** Strandweg 37; **Molenaar:** Willibrordusstraat 7.

Tennis, midgetgolf, kegelen, bowling – **Klein Vaarwater:** zie hierboven.

Wadlopen – Informatie bij de VVV of het Natuurcentrum, lente-herfst, beginpunt van de 1,5 uur lange wandeling aan het einde van de Reeweg, noodzakelijke benodigdheden: hoge sportschoenen of surfschoenen. Hoe is het wad ontstaan, wat leeft er en in welke mate is dit stuk natuur bedreigd? U krijgt tijdens het wadlopen veel informatie Bij het scharrelen over de Waddenbodem zult u van de ene verrassing in de andere vallen.

Windsurfen – Op de Waddenzee, aan het einde van de Reeweg.

Huifkartochten – Georganiseerd door het **Landbouw- en Juttersmuseum Swartwoude**, zie blz. 106.

In de buurt

Tocht met Strandexpress en tractor: zie blz. 106.

Buresteiger (▶ Q 5): ten zuiden van Buren, aan het einde van de Reeweg, ligt de vroegere aanlegsteiger voor vissers en binnenschippers – nu populair bij sportvissers. Er is uitzicht op de vaste wal en op de dijk staat een paneel met historische informatie (folder bij de VVV).

Het Oerd en De Hôn: ⑬ blz. 104.

Data

Midzomerfeest Buren: laatste weekend van juli, nacht van vr. op za. Feest met veel muziek op het strand.

⑬ Kraamkamer voor wadvogels – Amelands onbewoonde oosten

Kaart: ▶ Q-S 5
Route: vanaf Strandweg in Buren tot schuilhut en terug
ca. 14 km, met uitstapje naar eendenkooi 20 km, rondwandeling plus 4 km

Twintig kilometer fietsen door een grotendeels ongerept landschap: te mooi om waar te zijn! Het voelt alsof u de wereld van de wadvogels van binnenuit ziet. Ze komen hier met duizenden uitrusten, foerageren en broeden. Het is een uniek spektakel als de gevleugelde eilandgasten zich bij laag water massaal op de maaltijd storten. Het uitstapje naar de mooi gerestaureerde eendenkooi en de Gasterie daar vlakbij maakt de ontspannende tocht compleet.

Achter Buren strekt zich over een afstand van 11 km een ongerept landschap uit dat alleen te voet of met de fiets te bezichtigen is. Beginpunt is het kruispunt van het fietspad vlak achter de duinen met de Strandweg in Buren, vanwaar ook de **Strandexpress** [1] vertrekt. De tocht gaat langs de **Buurderduinen** met de 15 m hoge top **Bureblinkert** [1], een mooi uitkijkpunt, en langs de in 1893 aangelegde **Kooioerdstuifdijk** [2] die Ameland met het duineiland Oerd verbond en tot het ontstaan van de kwelder **Nieuwlandsreid** [3] leidde.
De stuifdijk beschermt het natuurgebied tegen de Noordzee, maar de Waddenzee heeft er nog altijd vrij spel en in het kweldergebied liggen dan ook tal van prielen. Talloze vogels vinden hier voedsel en broedplaatsen – zo'n 5000 rotganzen komen hier elk jaar op adem alvorens in de lente naar het noorden door te vliegen.

Uitzicht op het buureiland

De tocht zet zich voort naar het duingebied **Het Oerd** [4], dat net als de in het oosten aangrenzende, voortdurend veranderende zandvlakte De Hôn een internationaal beschermd natuurgebied is. Het fietspad eindigt bij de schuilhut

(met informatieborden) aan de voet van de **Oerder Blinkert** 5, die met 24 m het hoogste duin van het eiland is. Van het uitkijkplatform (met verrekijkers) ziet u hier uit over de duinen, de Noord- en de Waddenzee en bij helder weer over Schiermonnikoog.
Op de Noordzee blijft de blik onwillekeurig even steken bij het booreiland – een voortdurende bron van politieke strijd. Op 3 km diepte wordt aardgas onder het oostelijke deel van het eiland gewonnen. Natuurbeschermers vrezen dat de bodem zal gaan verzakken, wat tot verstoring van het natuurlijk evenwicht zal leiden.

Kleurenpalet van de natuur

Samen met de vochtige dalen tussen de duinen zijn de **Oerder duinen** 6 en De Hôn een geliefd broedgebied. Bij hoog water zoeken duizenden wadvogels hier hun toevlucht (15 mrt.-15 sept. grotendeels verboden toegang; alleen toegankelijk over de 4 km lange, met oranje paaltjes gemarkeerde rondweg; beginpunt: platform op de Oerder Blinkert).
Aan de Waddenzeekant van de Oerder duinen bloeien rozen- en vlierbesstruiken en in de herfst kleurt de duindoorn alles fel oranje. Het pad voert hier langs een tussen Het Oerd en De Hôn gelegen kwelder, die vaak en ongestoord door de Waddenzee wordt overspoeld. Het plantentapijt gaat naadloos over in de zee.
Daar voorbij bereikt u **De Hôn** 7, een zandvlakte met primaire duinen en een zich langzaam ontwikkelende vegetatie; tegen het einde van de zomer ligt er een lila kleed van lamsoor. De Hôn is ontstaan doordat het eiland naar het oosten opschuift. Door de sterke stroming in het Borndiep wordt in het zuidwesten zand weggespoeld en dat komt voor een deel ten oosten van Ameland terecht.
In het oosten van de Oerder duinen broedt een kolonie van 3300 paar zilvermeeuwen. Verder leven hier veel duinkonijnen, die in 1958 door myxomatose bijna waren uitgestorven.

Op stap met de eendenvanger

Vanaf de schuilhut kunt u bij Bureblinkert links het Jan Sietsepad inslaan en in zuidwestelijke richting – achter camping Klein Vaarwater langs – naar de Kooiweg rijden; ga die linksaf in, dan bereikt u na 1 km de Kooiplaats met de **Eendenkooi** 8. De mooi gerestaureerde eendenval dateert van 1705. Op goede dagen werden daar ooit tot duizend eenden gevangen, maar nu leven diverse eendensoorten er ongestoord. Bij een rondleiding (1,5 uur) vertelt de kooiker (de eendenvanger) details over de eendenvangst.
Om uit te rusten ligt de rustiek ingerichte **Gasterie 't Koaikers Huus** 1 vlakbij op u te wachten. In deze aangename pauzeplaats komt iedereen aan zijn trekken: gevestigd in een oude boerderij beschikt hij over een terras op de zon en een speelplek midden in het groen. Naast de smaakvolle eendenspecialiteiten zijn hier pannenkoeken en poffertjes te krijgen, net als gerechten met vis en zeevruchten.

Ameland: een toevluchtsoord voor wadvogels

13 Amelands onbewoonde oosten

Ameland

Moeizaam overleven

Over de Kooiweg bereikt u in Buren snel opnieuw een voormalige boerderij, ditmaal het **Landbouw- en Juttersmuseum Swartwoude** 9. Op deze hoeve, helemaal ingericht zoals het er in de 18e eeuw uitzag, wordt kaas en boter gemaakt, en er zijn demonstraties van lokale ambachten zoals die in de 18e eeuw gangbaar waren. Er wordt veel aandacht geschonken aan de strandjutterij. Een deel van het verzamelde juttersgoed wordt tentoongesteld. Omdat de boeren op Ameland in die tijd niet of nauwelijks konden rondkomen van de landbouw, waren ze tegelijk actief als visser, jager, zeeman – en in veel gevallen ook als strandjutter.

Informatie en openingstijden

De **Strandexpress** 1 gaat bijna het hele jaar over het strand naar Het Oerd en De Hôn (in ca. 2,5-3,5 uur, ook geschikt voor rolstoelen; reserveren gewenst). Houdt u van nostalgie, dan kunt u kiezen voor de **tractor met aanhanger** over het strand tot De Hôn. Alle Informatie bij de VVV, waar u ook een **wandeling met gids** door De Hôn kunt boeken. Daar of bij het Koaikershuus (zie onder) kunt u kaartjes kopen voor de **eendenkooi**. Een geschikte fiets voor de tocht kunt u onder meer huren bij **Metz** in Buren (Strandweg 37, tel. 0519 54 24 17). **Landbouw- en Juttersmuseum Swartwoude** 9: Hoofdweg 1, tel. 0519 54 28 45, www.amelandermusea.nl, apr.-okt. en in de vakanties ma.-vr. 10-12, 13-17, juli/aug. doorlopend, daarbuiten wo.-za. 13.30-17 uur, € 3.

Vanaf hier wordt ook de **huifkartocht** met de **Jan Plezier** naar de eendenkooi aangeboden (zie blz. 65).

Eenden en vis op de kaart

't **Koaikers Huus** 1: openingstijden navragen, sluit vroeg, tel. 0519 54 38 64, www.koaikershuus.nl, menu € 30, soep € 5, stoofpotje € 13. Een goed alternatief is het leuke **StrAnders** 2 met uitstekende visgerechten (Strandweg 71, tel. 0519 54 30 29, www.restaurantstranders.nl, vanaf € 14, met afhaal). En voor de liefhebbers, in de **Amelander Meervalkwekerij** 1 is naast meerval ook forel te krijgen. U kunt ze zelf vangen of bestellen als gerecht (Koeveldsweg 2, tel. 0519 54 29 31, www.amelandermeerval.nl, di.-do., za. 9-13, 13.30-17.30, vr., zo. 13.30-17.30, vr. ook 18-22, rondleidingen di.-do.17-18, za. 11-12 uur).

Schiermonnikoog

Het 'Eiland der grijze monniken' (*schier* betekent grijs) is er een van superlatieven: het is het oostelijkst gelegen en met 17 km lengte en maximaal 4 km breedte het kleinste van de Nederlandse Waddeneilanden. Met net duizend inwoners is het de kleinste gemeente van heel Nederland. Veel gasten vinden Schiermonnikoog ook het mooiste eiland van de keten tussen wad en Noordzee, en naar men zegt beschikt het over het **mooiste strand van Europa**. Lang (16 km) en breed (vaak meer dan 1 km) is het zeker.

Dat de *Schiersen* – zo worden de eilanders wel genoemd – niet verblind zijn geraakt door al die bewondering, blijkt wel doordat het eiland in 2006 werd uitgeroepen tot 'mooiste plek van Nederland'.

Driekwart van Schiermonnikoog is Nationaal Park. Het ongerepte en afwisselende natuurgebied bestaat uit in totaal 5400 ha aan kwelders, duinenrijen, strand, wad en een unieke flora. De helft van alle in Nederland voorkomende planten is hier te vinden. Van 15 april tot 15 juli zijn de kwelders in het oosten overigens alleen onder begeleiding van een gids te bezoeken, zodat dan de vogels ongestoord kunnen broeden. Er liggen in het hele gebied trouwens ook maar weinig paden. Ondanks alle superlatieven en de 300.000 toeristen per jaar is Schiermonnikoog nog altijd een knus en kleinschalig vakantieparadijs. De weldadige rust vindt mede zijn oorsprong in het verbod op auto's. Eilandbewoners mogen wel een auto bezitten, maar toeristen zijn op de fiets aangewezen. En net als Vlieland telt ook Schiermonnikoog maar één dorp.

Het kleinste eiland bezit verhoudingsgewijs het grootste duingebied van de Nederlandse Waddeneilanden. Binnen Europa is het een van de weinige gebieden waar de natuur nog nieuwe jonge duinen vormt. Hier groeien planten zoals biestarwegras. Haar wijdvertakte wortels graven zich, zoals bij het helmgras, door het zand om het schaarse zoete water te bereiken. Steeds weer wordt het biestarwegras bedolven onder stuivend zand. Evenzovele keren werkt het zich er weer boven uit. Op die manier weet het plantje veel zand vast te houden. In het grootste duingebied van Schiermonnikoog, de **Westerduinen**, zijn de verschillende duintypen goed te herkennen. In tegenstelling tot de duinen van de andere Waddeneilanden zijn de duinen van Schiermonnikoog haast overal vrij toegankelijk. Nergens is een afzetting te zien. Opdat dit zo kan blijven, moeten bezoekers zo veel mogelijk de paden volgen en de duinen met rust laten.

De eilanders noemen hun eiland liefdevol *lytje pole* (klein eiland). Het kent een bewogen geschiedenis, ging lange tijd van hand tot hand en werd min of meer als privébezit uitgebaat. De eilanders leefden goed van de zee, want in de eerste helft van de 18e eeuw beschikte Schiermonnikoog over een vloot kotters van meer dan honderd stuks. De familie Stachouwer was het langst achtereen eigenaar (1640-1859) van het eiland, waarna het overging

Schiermonnikoog

in de handen van John Eric Banck; aan hem heeft het eiland onder andere de inpoldering van de zuidkant te danken. Deze zogenoemde **Bancks Polder** bezorgt tot op de dag van vandaag zeven boerenfamilies een geregeld inkomen. Banck deed ook de eerste pogingen vakantiegangers naar het eiland te lokken, maar pas onder zijn opvolger, de Duitse graaf Von Bernstorff (1892-1945), kwam het toerisme echt tot bloei. Dat was voor de eilandbewoners een geschenk uit de hemel, want de visserij leverde nog maar bar weinig op en steeds meer bewoners zochten hun heil aan de wal. Die bloeitijd van het toerisme duurt voort tot de dag van vandaag, waarbij het voor Schiermonnikoog prettig is dat het eiland van de vijf Nederlandse Waddeneilanden het minst last heeft gehad van de nadelige kanten van het toerisme.

Schiermonnikoog-Dorp
▶ U 4

Het dorp met zijn duizend inwoners is een juweeltje en verschilt hemelsbreed van alle andere dorpen op de Waddeneilanden. ⑭ blz. 109.

Overnachten

Nobel – Hotel Graaf Bernstorff: Reeweg 1, tel. 0519 53 20 00, www.bernstorff.nl, 2pk vanaf € 110. Een comfortabel hotel met gezinssuites in aanbouw. De ruimbemeten kemers zijn smaakvol ingericht in mediterrane stijl: licht en vriendelijk, met extra lange bedden, sommige met balkon of dakterras, whirlpool. Café met terras, uitstekend restaurant, hotelbus. Vraag naar een gezinssuite met dakterras of tuintje.

Waddenklassieker – Hotel Duinzicht: Badweg 17, tel. 0519 53 12 18, www.hotelduinzicht.nl, 2pk vanaf € 110, 4pk vanaf € 200. Dit knusse, in oud-Hollandse stijl ingerichte familiehotel ligt ideaal, tussen dorp en strand en beschermd achter de duinen; vraag om een van de tuinkamers, die zich in een moderne aanbouw midden in de duinen bevinden; met een café, restaurant, sauna, zonnebank, speeltuin. Enkele kamers met whirlpool, alle met bad/douche, enkele met balkon.

Uitgelezen – Hotel de Tjattel: Langestreek 94, tel. 0519 53 11 33, www.detjattel.nl, 2pk vanaf € 85, gezinskamer vanaf € 130. Centraal, aan de mooie Langestreek gelegen hotel met 15 eenvoudige, maar praktisch ingerichte kamers (allemaal met douche, wc en tv) en een eetcafé met biljart. Vraag een kamer beneden; in 2010 verkozen als beste hotel in zijn soort – en met recht! Zeer klantvriendelijk.

Rustig en opgeruimd – Herberg Rijsbergen: Knuppeldam 2, tel. 0519 53 12 57, www.rijsbergen.biz/hr, 2pk vanaf € 85, 3pk € 110, 4pk € 130. Eenvoudig, maar met smaak ingericht huis (18e eeuw), waar diverse heren van het eiland hebben gewoond. De aan de oostrand van het dorp naast een kinderboerderij gelegen herberg heeft 18 kamers, allemaal met douche, wc; recreatieruimten en bar. Terras, grote speelweide, royale lap grond. De meeste kamers liggen in een aanbouw. Lunchpakket € 8.

Thuis – Pension Westerburen: Middenstreek 32, tel. 0519 53 11 96, www.westerburen.nl, 2pk vanaf € 70. Rustig pension van de familie Visser, in het oude deel van het dorp; tien tweepersoonskamers; allemaal met douche, wc en tv; klein terras.

Camping – Seedune: Seeduneweg 1, tel. 0519 53 13 98, www.schiermonnikoog.net/seedune, apr.-sept. Mooie, 8 ha grote natuurcamping midden in de duinen en aan de rand van het bos, ten noorden van het dorp. Eenvoudig, maar praktisch ingericht, met een winkeltje, snackbar en speeltuin.

14 Op de tekentafel ontstaan – Schiermonnikoog-Dorp

Kaart: ▶ U 4

Het vriendelijke, rustige Dorp dankt zijn ontstaan aan het verdrinken van het oude dorp. Het heeft nauwelijks overeenkomsten met de andere eilanddorpen. Alle straten werden in de richting oost-west aangelegd, om de wind zo weinig mogelijk grip te geven. De huizen ademen een gemoedelijke sfeer; en niet alleen fazanten lijken zich hier thuis te voelen ...

Toen het westelijke deel van het dorp in de eerste helft van de 18e eeuw langzaam in zee wegzonk, besloot men tot de aanleg van een nieuw dorp met parallel aan elkaar lopende straten, de zogenaamde streken. Die liepen van oost naar west om de wind zo weinig mogelijk houvast te bieden. Het zijn nu mooie groene lanen, met bomen en grasveldjes, waar zelfs de fazanten zich zeer thuis voelen. In het oudste deel van het dorp, de Voor-, Midden- en Langestreek, staan tal van oude, gerestaureerde gele bakstenen huisjes in de typische eilander stijl met het kenmerkende zadeldak, topgevel met schoorsteen, kunstig uitgevoerd metselwerk in de daklijst en de vele royale ramen. Karakteristiek zijn ook de windmuurtjes aan de westkant van de huizen en de kleine aanbouwtjes (lytje hús) in de keurige tuintjes.

De monniken als eersten

Een van de eerste gebouwen van het dorp en het oudste behouden huis van het eiland is **Huis Marten** 1 uit 1721 aan de Middenstreek 60. Op het centrale dorpsplein, de **Willemshof** 2, herinnert een manshoog beeld aan de eerste bewoners van het eiland, de lekenbroeders van het cisterciënzer klooster. De monnik met de grijze pij reikt met zijn hand naar de hemel. Twee walviskaken vormen aan de rand van het Willemshof een soort poort. Ze zijn een geschenk van Klaas Visser, kapitein van de wal-

Schiermonnikoog

visjager Willem Barentsz. Aan de cisterciënzers herinnert ook het gemeentewapen aan het **Witte Huis** 3 aan de Nieuwestreek 5, ook hier de monnik die een hand opsteekt. En ook de koepel van de voormalige vuur- en watertoren aan de Torenstreek, de **Witte Toren** 4, is getooid met een 2 m grote monnik als windvaan. Thijs en Annelies de Boer delen hun fascinatie voor schelpen met anderen in hun **Schelpenmuseum Paal 14** 5. De meer dan 1500 verschillende soorten hebben ze zelf verzameld, net als drijfhout, barnsteen en andere strandvondsten.

Ikoon van het toerisme

Hotel Van der Werff 1 stond aan de wieg van het toerisme op Schiermonnikoog. Het gebouw dateert van 1726 en werd ooit gebouwd als poststation annex stadhuis en er werd rechtgesproken. In 1830 werd het door de legendarische mijnheer Sake van der Werff in gebruik genomen als pension. In 1914-1915 liet hij het verbouwen en uitbreiden. In de gelagkamer is nog de gevelsteen met het wapen van de familie Stachouwer te zien. Het hotel geldt als 'moeder' van alle latere toeristische ontwikkelingen op het eiland.

Informatie

Schelpenmuseum Paal 14 5: Martjeland 14, tel. 0519 53 16 63, www.schelpenmuseum.nl, bijna dag. 15-17, 20-22 uur, € 2.
Hotel van der Werff 1: Reeweg 2, tel. 0519 53 12 03, www.hotelvanderwerff.nl, 2pk vanaf € 125. Het hotel heeft een ouderwetse gelagkamer, een sfeervolle lounge, een buitenterras en eigen tennisbaan. Een krakkemikkige hotelbus haalt de gasten op vanaf de veerboot.

Kunst kijken

'Eilandkunst': dat is wat **Galerie Ogygia** 1 toont (Middenstreek 23, tel. 06 51 89 01 81, www.galerieogygia.nl, di.-za. 14-17 uur en na telefonische afspraak): olieverfschilderijen, aquarellen, glas, keramiek en andere werken van kunstnaars die een sterke binding hebben met Schiermonnikoog. Af en toe verzorgen Klaske en Coba ook **kunstroutes**: aan de hand van zorgvuldig vormgegeven fotokaarten doorkruist u het eiland.

Schiermonnikoog-Dorp

Eten en drinken

Plechtig – Hotel Graaf Bernstorff: zie blz. 108, drie- tot viergangenmenu € 40-50. Wie het zich kan veroorloven, geniet hier of op het terras van lekkere Zuid-Europese gerechten met de beste ingrediënten.

Mooi terras – Steakhouse Brakzand: Langestreek 66, tel. 0519 53 13 82, mrt.-nov. dag. 16-21.30, daarbuiten do.-zo. 16-21.30 uur, Gerecht van de dag vanaf € 8,50. Naast steaks worden hier ook lekkere vis- en vegetarische gerechten geserveerd.

Pure gezelligheid – Hotel Duinzicht: zie blz. 108, dag. 10-21 uur, pannenkoeken vanaf € 9, gerecht vanaf € 18. Oudhollands restaurant met op het beschutte terras een gezellige haard. Specialiteit van het huis is de aan tafel bereide bœuf stroganoff.

Schip ahoi! – De Tjattel: zie blz. 108, dag. 12-15, 16.30-21 uur, gerecht € 14-23, driegangenmenu € 20. Met zorg ingericht eetcafé met kleine lunch- en uitgebreidere avondkaart. Alles heeft hier te maken met de zeevaart, ook de kaart. Aan te bevelen: de trawler (tonijn van de grill, € 17); saladebuffet. Prettig terras.

Leuk dakterras – De Ware Jakob: Langestreek 46, tel. 0519 53 16 87, www.dewarejakob.nl, juli, aug. dag., april-juni, sept., okt. wo.-ma., nov.-mrt. do.-zo. vanaf 16/17 uur, pizza vanaf € 8, gerecht vanaf € 13. Naast pizza serveert men in dit gezellige restaurant vis- en vleesgerechten, sommige klaargemaakt op de lavagrill. Met buiten- en dakterras en wintertuin.

Winkelen

Vis en meer – Schiermonnikooger Vishandel: Noorderstreek 38, www.schiermonnikogervishandel.nl, di.-vr. 11.45-19, za. 13-19 uur. Versgebakken en -gerookte vis, maar ook wijn en snacks.

Eilandproducten – Kaasboerderij Florida: Reddingsweg 38, tel. 0519 53 14 77, boerderijwinkel: do., za. 14-17 uur. Superlekker: kaas, yoghurt en karnemelk van de familie Holwerda. Ook rondleidingen mogelijk na telefonische afspraak bij het bezoekerscentrum.

Fair met flair – Flair: Langestreek 15. Ruime keuze uit Fairtrade-producten.

Zoet – It Peperhûsjen: Middenstreek 42. Een heerlijke nostalgische zoetighedenwinkel voor jong en oud.

Uitgaan

Blijvertje – Tox-Bar: Reeweg 5, www.toxbar.nl, disco: nov.-april do.-zo. 22-2, apr.-nov. (met terras) dag. 22-2 uur, café vanaf 10 uur. Roemruchte café-dancing met ruimbemeten terras.

Ongedwongen – It Aude Beuthûs: Nieuwestreek 6, dag. 10.30-ca. 2 uur *(last order)*. In het oude reddingsboothuis is het druk; zowel op het café-terras als in de leuke kroeg met de vele soorten bier. Dartsspel en -toernooien.

Niet alleen voor eilanders – De Tjattel: zie blz. 108, dag. 10-2, 's winters ma.-do. 12-2, vr.-za. 10-2 uur. Drukbezocht biljartcafé, darts. Terras.

Sport en activiteien

Strand – Heel breed, zo lang als het eiland zelf, fijn zand, kindvriendelijk; 's zomers is er tussen paal 6 en 7 (de palen staan op 1 km afstand van elkaar) strandwacht; paviljoen.
Let op: het betreden van de zandbank ten westen van paal 5 is levensgevaarlijk!

Zwembad – De Dûnatter: Duinpad 10, tel. 0519 53 13 16, www.dunatter.nl, half mai-half sept. Verwarmd zwembad met waterglijbaan, jetstream en sauna. Diverse evenementen in de zomer, bijvoorbeeld de zwemvierdaagse of het discozwemmen.

Fietsverhuur / tochtjes – Schierfiets: Noorderstreek 32; **Soepboer:** Paaslandweg, voor daggasten direct bij de veerhaven; half mei-half sept. Uitstekend netwerk van fietspaden (informatie: VVV).

Schiermonnikoog

Paardrijden – **Manege Binnendijken:** Van der Molenpad 13, tel. 0519 53 16 33 begeleide tochtjes.
Outdoorsport – **Reactief Buitensport:** www.reactief.dds.nl
Beachvolleyball – Ook toernooien. Informatie: 'Eilander Paidwiizer', bij de VVV.
Tennis – **De Hinneleup:** tel. 06 30 23 62 26, dag 9-12, 13-18 uur.
Windsurfen – Bij paal 3 of aan de kant van de Waddenzee ter hoogte van de jachthaven.
Wandelen – Schiermonnikoog beschikt over een **uitstekend netwerk van voetpaden**. Wandelingen met gids, zoals naar de broedvogelgebieden in het oosten of naar de eendenkooi, net als nachtwandelingen kunt u boeken bij het Bezoekerscentrum (zie blz. 115). Op eigen gelegenheid kunt u routes lopen die beschreven staan in folders (informatie bij de VVV).
Huifkartocht – Vertrek vanaf het Bezoekerscentrum; daar kunt u ook vooraf reserveren. Tocht van twee uur over het strand naar het rif (enorme zandbank); over de waddendijk terug naar het dorp.
Kottervaren – Naar Het Rif en naar Engelsmanplaat, Informatie bij de VVV.
Eilander Balgexpres – Zie blz. 115.
IJsbaan: Op de baan bij **De Halve Maan**, ingang aan de Badweg.
Voor kinderen en jongeren – **Kittiwake:** Starkenborghstraat 17, www.kittiwake.nl. Activiteiten voor kinderen en jeugd; onder andere dagactiviteiten en jongerenavonden in het café. Ook vrij toegankelijk voor andere eilandbezoekers.

Informatie

VVV: Reeweg 5, Postbus 13, tel. 0519 53 12 33, 0519 53 19 00, www.vvvschiermonnikoog.nl, mei-sept. ma.-vr. 9-13, 14-18, za. 10-13, 14-16, okt.-apr. ma.-vr 9-13, 14-17.30, za. 10-13, 14-16 uur.

Veerboot: veerverbinding (ca. 45 min.) tot zes keer per dag vanaf Lauwersoog. Kaartverkoop aldaar, tel. 0900 455 44 55, € 0,35 per min., www.pdl.nl. Het is voor bezoekers **niet toegestaan om de auto mee te nemen o**p de veerboot. Bij aankomst staan **taxi's** en **bussen** klaar, ook naar het strand. **Fietsverhuur** voor dagtoeristen bij de aanlegsteiger.
Watertaxi: sinds kort is het ook mogelijk om, op afspraak tussen 6 en 24 uur, een watertaxi te boeken. De overtocht duurt dan slechts een kwartier. Watertaxi's kunnen u van en naar Ameland en Harlingen vervoeren, maar ook naar de Duitse Waddeneilanden. Informatie: www.wadtaxi.nl
Jachthaven: tel. 0519 53 15 44.

In de buurt

Eerste en Tweede dennen (▶ U 4): graaf Von Bernstorff liet in 1912 en 1919 de twee naaldbossen aanleggen. Tegenwoordig dienen ze als windbrekers. Aan de randen zijn de naaldbossen gemengd met loofbomen; dit vinden vooral de vogels erg prettig. Er leven hier roodborstjes, zanglijsters, winterkoninkjes, merels, mezen en groenlingen.
Westerplas, De Wassermann, De Berkenplas, Het Balg: ⑮ blz. 113
Schullefeest: Om de twee jaar een weekend in aug. (2012). Dit feest wordt gehouden ter ere van de vissersvrouwen (*Schierse schullemeiden*), die in de 18e eeuw de door hun echtgenoot gevangen school verkochten. In de 18e eeuw had Schiermonnikoog een eigen visserijvloot, die voornamelijk op school viste. Na de 18e eeuw ging het beduidend minder met de visserij en raakte ook het feest in onbruik, maar sinds 2000 wordt het weer gevierd. Elk feest staat in het teken van een thema.

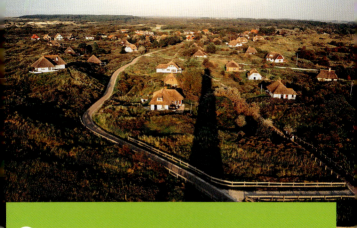

15 Voor driekwart beschermd – Nationaal Park Schiermonnikoog

Kaart: ▶ T-V 4/5
Route: 15 km (heen en terug). **Duur:** reistijd zonder uitstapjes of terugtocht, ca. 2,5 uur

De kleinste van de vijf Waddeneilanden staat bijna helemaal onder natuurbescherming. De fietstocht gaat gestaag de duinen op en af, voert langs kwelders, duinenrijen, een zoetwatermeertje, de vuurtoren, de eendenkooi en een fantastisch uitzichtpunt over het eiland en de kust van het vasteland.

U start bij het VVV-kantoor aan de Reeweg. Om de hoek, bij **Soepboer** 1, kunt u eventueel nog fietsen huren. U fietst de Reeweg af naar de Waddenzeekust en dan rechts afslaan het Minne Onnespad op. Hier op de dijk staat de **Bank van Banck** 1. Deze werd geplaatst als herinnering aan J. E. Banck – hij liet in 1860 de eerste dijk aanleggen. U hebt hier een mooi uitzicht op de oude **Bancksdijk** in het noordwesten. Zonder deze dijk had de polder niet eens kunnen ontstaan. Het Minne Onnespad voert rondom de ten zuidwesten van het dorp gelegen, niet toegankelijke **Westerplas** 2. Dit zoetwaterreservoir werd vanuit de kwelder gewonnen door er kunstmatige duinen omheen te zetten. De dijk is een populaire drink-, bad- en broedplaats voor trek- en moerasvogels. Meeuwen schuilen aan de oever als het flink stormt. Sinds kort is er een **vogeluitkijkpunt** met uitzicht over het water. Met de verrekijker kunt u bijna alle Nederlandse eendensoorten bespieden, en bovendien futen, meerkoeten, schuwe rietvogels, etc.

Onderweg naar het Peilbaken

Het Minne Onnespad gaat over in het Westerduinenpad, dat door een schitterend duingebied voert, met een rijke vegetatie. Het nabije Vuurtorenpad geeft de mogelijkheid om een uitstapje te maken naar links, om de rode vuur-

Schiermonnikoog

toren van dichtbij te bekijken en van het uitzicht over de duinovergang te genieten. De rode **vuurtoren** 3 werd in 1853 gebouwd en is tegenwoordig zeer modern uitgerust. Hij is 24 uur per dag bemand en niet te bezichtigen. In de schaduw van de toren staan prachtige oude zomerhuisjes met een rieten dak. Die rieten daken zijn te danken aan de voormalige eigenaar van het eiland, graaf Von Bernstorff-Wehningen; hij vaardigde een bevel uit dat alle nieuw te bouwen zomerhuisjes rietgedekt moesten zijn. Zodra u op de Badweg bent buigt u eerst links- en dan rechtsaf, het Bospad in. Dit fietspad in het noorden van het eiland voert door een indrukwekkend landschap, dat zich kenmerkt door duinen en duinvalleien. In de vochtige duinpannen groeien onder andere veel soorten orchideeën.

Verderop buigt het bospad eerst af naar links, naar het Scheepstrapad, en gaat dan over in het Johannes de Jongpad. Iets verderop kunt u goed een pauze nemen met een koel drankje of een snack, met panoramauitzicht bij paviljoen **De Marlijn** 2.

Bij paddenstoel 22631 kunt u links een uitstapje maken naar het **Peilbaken** in de **Kobbeduinen** 4. Het baken, waar vroeger vuur in brandde om de schepen de weg te wijzen – of volgens boze tongen om de schepen te lokken en ze vervolgens te beroven. In elk geval is het tegenwoordig een prachtig uitkijkpunt over het oostelijke deel van Schiermonnikoog. De Kobbeduinen zelf bestaan uit twee langgerekte parallel gelegen kalkhoudende duinenrijen met een dal ertussen. Dit broedgebied is slechts toegankelijk onder begeleiding van een gids.

Door duinen en bos

De route brengt u terug over het Johannes de Jongpad en dan verder over de Kooiweg, die de grens vormt tussen de polder links en het duinen- en bosgebied rechts. Naar links leidt deze weg naard de **eendenkooi** 5, waarin jaarlijks ca. 250 eenden worden gevangen om ze te ringen. Verder dient hij als uitrustplaats voor trekvogels. U kunt een rondleiding boeken bij de VVV of het bezoekerscentrum.

Terug op de Reddingsweg komt u langs een paar boerderijen en buigt bij paddestoel 22628 af naar rechts. Iets eerder is er rechts een pad naar het kerkhof. Op het kleine, idyllisch door bomen beschaduwde **Vredenhof** 6 vonden verdronken zeelieden hun laatste rustplaats. Zij aan zij liggen hier ook gevallenen uit de beide wereldoorlogen: Australiërs, Canadezen, Duitsers, Britten, Polen.

Bij paddenstoel 22602 afbuigen aan de Prins Bernhardweg voorbijgaan. Op een hoog duin houdt **De Wassermann** 7 de wacht. Deze bunker werd in mei 1940 door de op het eiland gelande Duitsers opgericht; samen met enkele andere eilandbunkers is hij onderdeel van de Atlantikwall. Indertijd lag hij verscholen in het zand, maar nu ligt hij openlijk in

Kitesurfers vormen een vertrouwd beeld aan het strand – als de wind ook meedoet

⑮ Nationaal Park Schiermonnikoog

het zicht en onderbreekt het landschap. Omdat de bunker het hoogste punt van het eiland is, biedt hij een fantastisch uitzicht over het eiland en naar het vasteland.

Ontspannen

Vanaf hier leidt het Cornelis Visserpad u rechtstreeks terug naar het dorp. Eventueel kunt u eerst nog even uitrusten bij de **Berkenplas** 8 en een duik nemen in het kleine zoetwatermeertje aan de rand van het bos. Ook ideaal voor kinderen: er is een **café-restaurant** 1 met een groot terras en u kunt er **kano's en waterfietsen huren.**

- -

Interactieve natuurexpositie

Het **Bezoekerscentrum** aan de Torenstreek is ook erg leuk voor kinderen: veel modellen van de landschappen op het eiland en van schepen, geluidsdocumenten, aquaria, diashows, video's en een getijdenmodel dat heel duidelijk de werking van eb en vloed laat zien. Met een goed gevulde bibliotheek en wisselende tentoonstellingen over de cultuur van het eiland (tel. 0519 53 16 41, www.activiteitenopschiermonnikoog.nl, voorjaar-herfstvakantie ma.-za. 10-12, 13.30-17.30, zo. 10-14 uur, verdere openingstijden telefonisch navragen).

Uitrusten aan de Prins Bernhardweg

In **Drink- & Eethuis De Berkenplas** 1 direct aan het meertje kunt u uitgebreid op adem komen (tel. 0519 53 15 70, apr.-juni, sept., okt. di.-zo. 11-18, juli, aug. dag. 11-18.30, daarbuiten alleen za., zo. 11-18 uur; hier botenverhuur). Aan de kant van het zoute water: in **Strandpaviljoen De Marlijn** 2 lokt de kleine maar fijne lunchkaart. Erg goed: oesters, vissoep, thai-beefsalade (www.demarlijn.com, dag. vanaf 10, keuken tot 18.30 uur, gerecht € 7-23).

Nog energie over?

In het oosten van het eiland ligt zandplaat **Het Balg** 9, 9 km verwijderd van het badstrand. De zandplaat is lopend te bereiken of met de **Eilander Balgexpres** (www.eilanderbalgexpres.nl). De door een traktor getrokken wagen vertrekt vanaf het Bezoekerscentrum (zie boven), daar kunt u ook vooraf reserveren. Het rustige tochtje duurt ongeveer 2-2,5 uur.

De Waddeneilanden in beeld

Meezeilen met de 'bruine vloot' vanaf Terschelling

De Waddeneilanden in beeld

De vuurtoren van Texel

Ontspannen op het weidse strand, Vlieland

Schiermonnikoog-Dorp

De Waddeneilanden in beeld

De Waddeneilanden in beeld

Een tochtje naar De Slufter, het veranderlijke natuurgebied van Texel

Wandelen op het strand van Ameland

Op de fiets door de bossen van Terschelling

Excursie met de kotter: na afloop worden de zeebewoners weer teruggezet

Register

Alcohol 19
Ameland 93
  Aero Service Ameland 99
  Ameland Waddentravel 102
  Amelander Duinen, D' 97
  Amelander Meervalkwekerij 106
  Armenhuis Ballum 99
  Ballum 98
  Ballumerbocht 99
  Bornrif 100
  Bruinvis 102
  Bureblinkert 104
  Buren 102
  Buresteiger 103
  Café De Herberg 101
  Café De Welvaart 97
  Camping De Kiekduun 103
  Camping Koudenburg 97
  Camping Roosdunen 99
  Catamaranclub Ameland 97
  Commandeurshuizen 98, 100
  Cultuurhistorisch museum Sorgdrager 94
  De Hôn 93, 105
  De Vleyen 102
  Dinercafé Rixt 101
  Eendenkooi 105
  Eetcafé De Driesprong 103
  Engelsmanduin 98
  Fletcher Hotel-Resort Amelander Kaap 94
  Gasterie 't Koaikers Huus 105, 106
  Grandcafé Van Heeckeren 101
  Hagendoornveld 102
  Hazenspoorroute 102
  Heksenhoed, De 103
  Herberg De Zwaan 97
  Het Oerd 93, 104
  Hollum 93
  Hotel Bos- en Duinzicht 101
  Hotel De Jong 101
  Hotel De Klok 103
  Hotel-Pension Ambla 94
  Hotel-Restaurant Nobel 99
  Huifkartocht 99
  Il Vulcano 97
  Jaarmarkt Ballum 100
  Jachthaven 99
  Jan Plezier 106
  Kaasboerderij Ameland 97
  Kerkplein 100
  Kiewiet 102
  Kooioerdstuifdijk 104
  Landbouw- en Juttersmuseum Swartwoude 106
  Lange Duinen 99
  Manege 't Jutterspad 102
  Manege De Blinkert 99
  Manege Le Cheval 99
  Maritiem Centrum 94
  Metz 103, 106
  Midzomerfeest Buren 103
  Molen De Phenix 100
  Molen De Verwachting 95
  Molenaar 103
  Museumhaven 99
  Natuurcentrum 100
  Nederlands-hervormde Kerk 93, 98
  Nes 100
  Nescafé 101
  Nessumer Toren 100
  Nieuwlandsreid 104
  Nobel 97, 99, 101
  Oerder duinen 105
  Onder de Vuurtoren 96
  Oudste huis Hollum 94
  Oudste huis Nes 100
  Paardengraf 98
  Paracentrum Ameland 99
  Pizzeria San Remo 101
  Recreatiecentra Ameland 99
  Recreatieoord Klein Vaarwater 103
  Restaurant-Bar De Griffel 97
  Rietplak 98
  Rijstal Nella Dorien 97
  Rixt van Oerd 102
  Rôggefeest 102
  Roosduinen 99
  Slijterij De Jong 101
  Speelboerderij, De 99
  St. Clemenskerk 100
  Stayokay Ameland 94
  StrAnders 106
  Strandexpress 104, 106
  Strandhotel Buren aan Zee 102
  Sûd Himmerik Hoeve 97
  Swinging Mill, De 101
  Van Camminghastraat 98
  Veerboot 102
  Vishandel Metz 96, 101
  Visser 97
  Vuurtoren 96
  VVV 98, 102
  Wadlooptocht 97
  Hotel Noordsee 100
  Witte Paard, Het 101
  Zeehond 102
  Zilverberg Recreatieoord Boomhiemke 97
  Zwembad De Golfslag 103
Auto 20, 29

Bus 20, 29

Camping 17
Catamaranzeilen 28

Register

Duurzaam reizen 29

Eten en drinken 18

Feestdagen 21
Feesten 21
Festivals 21
Fietsen 26, 29

Gehandicapten 25
Geld 22
Geschiedenis 14
Gezondheid 22
Golf 26

Heenreis 20
Hotels 16

Informatie 22
Internet 22, 28

Kanoën 26
Kinderen 23
Klimaat 24

Naaktrecreatie 27
Noodgevallen 28

Openingstijden 24
Overnachten 16

Paardrijden 27
Parachutespringen 27
Powerkiten 27

Reisseizoen 24
Reizen op de eilanden 21

Schiermonnikoog 107
  Aude Beuthûs, It 111
  Bancks Polder 108
  Bank van Banck 113
  Berkenplas 114
  Bezoekerscentrum 115
  Camping Seedune 108
  De Wassermann 114
  Drink & Eethuis De
    Berkenplas 115
  Eendenkooi 114
  Eerste dennen 112
  Eilander Balgexpress 115
  Flair 111
  Galerie Ogygia 110

Halve Maan, De 112
Herberg Rijsbergen 108
Het Balg 115
Hinneleup, De 112
Hotel De Tjattel 108, 111
Hotel Duinzicht 108, 111
Hotel Graaf
  Bernstorff 108, 111
Hotel Van der Werff 110
Huifkartocht 112
Huis Marten 109
Jachthaven 112
Kaasboerderij Florida 111
Kittiwake 112
Kobbeduinen 114
Kottervaren 112
Manege
  Binnendijken 112
Peilbaken 114
Pension
  Westerburen 108
Peperhûsjen, It 111
Reactief Buitensport 112
Schelpenmuseum Paal
  14 110
Schierfiets 111
Schiermonnikoger
  Vishandel 111
Schiermonnikoog-
  Dorp 108
Schullefeest 112
Soepboer 111, 113
Steakhouse Brakzand 111
Strandpaviljoen De
  Marlijn 114, 115
Tox-Bar 111
Tweede dennen 112
Veerboot 112
Vogeluitkijkpunt 113
Vredenhof 114
Vuurtoren 114
VVV 112
Ware Jacob, De 111
Watertaxi 112
Westerplas 113
Willemshof 109
Witte Huis 110
Witte Toren 110
Zwembad De
  Dûnatter 111
Sport 25
Surfen 27

Taxi 29
Telefoon 28
Tennis 27

Terschelling 77
  Amsterdamsche
    Koffijhuis 82
  Arjensdûne 85
  Bakker 92
  Bar Oka 81
  Bar-Dancing De
    Braskoer 81
  Bar-Dancing Wyb 87
  Bijenworf, De 91
  Boer, De 92
  Boschplaat 77, 85
  Braderie 83
  Brandaris 78, 80
  Café Hessel 86
  Café-Biljart Lieman 81
  Camping De
    Appelhof 88
  Camping De Kooi 82
  Camping Dennedune 91
  Centrum voor Natuur &
    Landschap 78
  Commandeursstraat 79
  Cranberry Lekker-
    makerij 90
  Croissanterie-Traiterie De
    Dis 82
  De Grië 92
  De Koegelwieck 85
  Duinmeertje 84
  Formerum 88
  Formerum Bos 85
  Gasterij d'Drie
    Grapen 86
  Groot, De 87
  Haantjes 88
  Hoorn 91
  Hoorner Kooi 91
  Hoornse Bos 85
  Hotel Schylge 78
  Hotel-Café-Restaurant
    Oepkes 78
  Hotel-Pension-Eethuis De
    Koegelwieck 91
  Hotel-Restaurant Nap 78
  Jachthaven 83
  Jutter, De 82
  Knop 83
  Koffiemolen, De 90
  Kroonpolder 84

Register

Landbouwmuseum Het Hooivak 91
Landerumer Hei 85
Makreel roken 88
Manege Terschelling 92
Mediterraan Restaurant Caracol 82
Meeuwenkolonie 92
Mexicaans Restaurant El Leon 87
Midsland 86
Museum 't Behouden Huys 80
Natuurpad Formerumer Bos 90
Noordsvaarder 77, 84
Oerol 81
Onder de Pannen 87
Oosterend 92
Outdoor Terschelling 87
Pieter Peit's Hoeve 92
Pieter Peits Winkeltje, 't 87
Restaurant Pickwick's 82
Restaurant-Grand Café Zeezicht 80
Rock'n Roll Street 86, 88
Seinpaalduin 84
Sint Jan in Midsland 88
Sjouw 91
Spaans Restaurant De Reis 91
St. Janskerk 91
Stayokay Terschelling 78
Strandhotel-Eetcafé Formerum 88
Strandzeilschool Beausi 83
Strieper Kerkhof 87
Talisman 83
Tennisbaan Oost 92
Tennisbaan West 83
Terpstra 92
Terschellinger Natuurtochten 83
TS 9 83
Veemarkt 88
Veerboot 83
Visserijmuseum Aike van Stien 80
VVV 83
Wadvaarder, De 87
Wakend Oog, Het 80

Walvis, De 81
Walvisvaarder, De 91
West-Terschelling 78, 79
Westerduinen 107
Windwijzermakerij Van Dieren 88
Witte Handt 87
Wrakkenmuseum De Boerderij 89
Zeelen 83, 88
Zeeliedenmonument 78
Zwemparadijs De Dôbe 83
Texel 32
Atelier De Goede Verwachting 54
Avontuur, De 57
Bar-Restaurant Het Kompas 34
Beach Active 39
Bets Fietsen 53
Bij Jef 33
Blauwe Rafel, De 45
Blazerstraat 58
Bloembollenroute 34
Body & Brein Texel 40
Boeren- en vissersroute 53
Bol, De 54
Borrelbus 40
Braderie 40
Brasserie SamSam 40
Brasserie-Restaurant Bos en Duin 65
Bruining 40
Café De Kuip 40
Café-Eethuis Klif 33
Calluna 40
Catamaranzeilschool Westerslag 83
Chocolatier Looyer 45
Cinema Texel 43, 45
Circuitpark Karting Texel 41
Cultuurhistorisch Museum 47
De Bol 54
De Cocksdorp 60
De Dennen 64
De Geul 35
De Hors 65
De Koog 35
De Muy 63

De Nederlanden 64
De Schans 49
De Schorren 62
De Slufter 63
De Waal 52
De Zandkuil 51
Den Burg 41
Den Hoorn 32
Dijkmanshuizen 53, 54
Duikclub Texel 47
Ecomare 37
Eetcafé De Kroonprins 59
Eetcafé Het Vooronder 50, 51
Eetcafé Vincent Eilandkeuken 65
Eierland 60
Eierlandsche Huis, Het 62
Eijerlandse Velden 62
Eilander, De 62
Eureka Tropische Planten- en Vogeltuin 54
Feestmarkt De Cocksdorp 62
Fiets Inn Texel 40
Fletcher Hotel-Restaurant Koogerend 41
Folkloremarkt 47
Fonteinsnol 64
Fruithof De Veen 45
Georgische Begraafplaats Loladze 49
Golfbaan De Texelse 62
Grand Hotel Opduin 36
Halve Marathon De Waal 52
Havenhotel Texel 52
HavenVIStijn 53
Hervormde Kerk 43, 58
Hof Brakestein 50, 51
Hoge Berg 48
Hollebol, De 45
Hoornder Donderdag 35
Horsmeertjes 35
Hotel De 14 Sterren 39
Hotel Greenside 36
Hotel Oranjerie Molenbos 61
Hotel Prins Hendrik 54
Hotel-Brasserie Den Burg 41
Hotel-Brasserie

Register

Rebecca 52
Hotel-Pension 't Anker 61
Hotspot Texel 40
Ideaal Texel
  Vliegerhuis 45
Inde Soete Suyckerbol 45
Indoorkarting De
  Koog 40
Island Samba 40
J'Elleboog 41
Jachthaven, De 53
Jan Plezier 65
Jutters Plezier 62
Kaasboerderij
  Wezenspyk 45, 65
Kampeernol 64
Kees de Waal 45
Kerkplein 6A 58
Kinder Speelparadijs
  Texel 62
Klifhanger 35
Kofferbakmarkt 36
Kooiman 41
Labora 61
Landal Sluftervallei 61
Landgoed De Bonte
  Belevenis 35
Landgoed Hotel
  Tatenhove 36
Lant van Texel, 't 45
Lindeboom, De 45
Loladze, Georgische
  begraafplaats 49
Loodsman's Welvaren 33
Loodsmansduin,
  camping 33
Luchtvaart- en
  Oorlogsmuseum 49, 60
Maandagmarkt 44
Manege Elzenhof 40
Manege Kikkert 40
Maritiem- en
  Juttersmuseum 49, 51
Mokbaai 35
Molen Het Noorden 54
MS Rival 53
Muziek Café De
  Zwaan 41
Nieuwjaarsduik 40
Nol van Bertus 64
Noord-Hollandpad 62
Notenstolp, De 45

Novalishoeve 34
Oost 54
Oosterend 54, 58
Op Diek 33
Oude barometer voor
  Zeelieden 59
Oude Land 48
Oude Landroute 47
Oudeschild 52
Oudheidkamer 43
Paracentrum Texel 62
Polder Eierland 60
Quinty's 36
Restaurant
  Havenzicht 57
Robbenjager, De 61
Robbepad 54
Rooms-katholieke
  Kerk 44
Rôtisserie 't
  Kerckeplein 59
Ruitercentrum De
  Krim 62
Schaapscheerdersdag 47
Schans, De 49, 51
Schipbreuk- en
  Juttersmuseum
  Flora 39
Schoutenhuis, 't 41, 45
Seamount Tracks 34
Slock, De 45
Sommeltjespad 40
Stayokay Texel 41
Stenenplaats 43
Strandhotel Noordzee 35
Strandpaviljoen 34
Strandpaviljoen De
  Zeester 39
Strends End 59
Surfschool Ozlines 39
Talk of the Town 40
Taveerne 36
Tessels Kwartier 41
Texel Air Show 62
Texel Blues Festival 47
Texel culinair 40
Texel Halve Marathon 35
Texel Outdoor
  Programma's 62
Texelcamping
  Kogerstrand 36
Texelpad 34
Texelse Bierbrouwerij 53

Texelse Paardentram 62
Texelstroom 53
Theater-Restaurant
  Klif 33
Theatertent De
  Noordkroon 47
Timmer 36
Toekomst, De 40
Topido 61
Tropical Sea Festival 40
Tuin van Cor Ellen 59
Tuk Tuks 57
Turfveld, Het 65
Twaalf Balcken, De 41
TX 10 Emmie 57
TX 20 Orion 57
TX 44 57
Vakantiepark De
  Koornaar 41
Vakantiepark De Krim 61
Van der Linde 62
Van Tongelen 62
Vermeulen 34
Verrekieker, De 60
Viscentrum van Beek 36
Vispaleis-Rokerij van der
  Star 57
Visrestaurant Brasserie
  TX 50, 51
Vlinderwinkel 61
Vogelinformatiecentrum
  Texel 60
Vriendschap, De 62
Vuurtoren 63, 65
Waaggebouw 44
Waal en Burg 52
Waddenshantykoren
  Festival 47
Waddenzee 55
Wezenputten 50
Wijnhuis Oosterend 58, 59
Willem Jacob, de 57
Wit, De 45
Worstltent, De 39
Zandbank Texel 39
Zandkuil, De 51
Zeemanskerkje 52
Zegel 41
Zeven Provinciën, De 53
Zwempark
  Molenkoog 41
Toeristenbelasting 24

123

Register

Trein 20

Veerboot 20
Vegetarische keuken 19
Veiligheid 28
Verkeer 29
Vissen 27
Vlieland 66
  Aan de kade 72
  Armhuis 66, 68, 69
  Badhotel Bruin 67
  Badhuys, Het 71
  Bakkerij Westers 71
  Bezoekerscentrum De Noordwester 67
  Bomenland 73
  Café de Zeevaert 72
  Cranberryvlakte 72
  Delicatessenwinkel Zilt 71
  Dodemansbol 73
  Eilander manege Edda 72
  Evenementenbureau Jan van Vlieland 72
  Friese IJssalon Min12, De 71
  Geitenloop 73
  Golfbrekers 67
  Grand Café De Stoep 71
  Havenpaviljoen De Dining 71
  Hotel De Bosrand 70
  Hotel De Wadden 70
  Hotel Zeezicht De Luxe 67
  Hotel-Restaurant De Herbergh van Flielant 70
  IJsbaan 72
  Into the Great Wide Open 73
  Jachthaven 73
  Kampeerterrein Stortemelk 70
  Kooispleklid 72
  Kroon's Polders 74
  Lutine, De 71
  Manege De Seeruyter 72
  Midgetgolfbaan Eldorado 72
  Natuurkampeerterrein De Lange Paal 70
  Nicolaas van Myrakerk 68, 69
  Nieuwe Kooi 73
  Oost-Vlieland 66
  Oude Kooi 73
  Oude Stoep, De 72
  Podium Vlieland 72
  Posthuys 74
  Reddingshuisje 75
  Richel, De 69
  Rondje Vlieland 73
  Slijterij De Branding 71
  Strandhotel Seeduyn 70, 72
  Strandpaviljoen, paal 33, Texel 76
  Tromp's Huys 67
  Visrestaurant De Wadden 71
  Vliehors 74
  Vlieland Groet 73
  Vlielander Reddingshuisje 75
  Vriendschap 76
  Vuurboetsduin 66
  Vuurtoren 67
  VVV 73
  Zwembad Flidunen 72
VVV 22

Waddeneilanden in beeld 116
Wadlopen 27
Wandelen 27
Wellness 27
Windsurfen 27
Wintersport 28

Zeilen 28
Zwemmen 28

Fotoverantwoording

Omslag: Het strand van Texel (Sjiva Janssen)

123RF: blz. 117 boven
Audiovisuele dienst ANWB: 17 (Margriet Spangenberg), 54 (Thijs Tuurenhout)
Bildagentur Huber, Garmisch-Partenkirchen: blz. 42
laif, Köln: blz. 25, 58, 70, 89 (Enker); 37, 56, 63, 74 (Gonzalez); 6/7, 9, 82, 115 (Hollandse Hoogte); 39 (Hub); 109, 113 (Jonkmanns); 34, 55 (Le Figaro Magazine)
mauritius images, Mittenwald: blz. 30/31, 79, 84, 105 (ANP Photo), 50 (Food and Drink), 44 (imagebroker/dbn); 60/61 (imagebroker/ Krabs), 15 (Oxford Scientific), 75 (Siebert)
Pedro Citoler, Köln: blz. 116 onder, 118 onder, 119 onder
picture alliance/dpa, Frankfurt: blz. 48 (Wijnja)
Silke Geister, Hamburg: blz. 92, 117, 118 boven, 119 boven, 128
Susanne Troll, Köln: blz. 73, 95, 98, 104, 122
Jaap van der Wal: blz. 68

Notities

Hulp gevraagd!
De informatie in deze reisgids is aan verandering onderhevig. Het kan dus wel eens gebeuren dat u ter plaatse een andere situatie aantreft dan de auteur. Is de tekst niet meer helemaal correct, laat ons dat dan even weten.
Ons adres is:
ANWB Media
Uitgeverij Reisboeken
Postbus 93200
2509 BA Den Haag
anwbmedia@anwb.nl

Productie: ANWB Media
Uitgever: Marlies Ellenbroek
Coördinatie: Els Andriesse
Tekst: Susanne Völler, Jaap van der Wal
Vertaling, redactie en opmaak: Taxredactie, Hanneke Tax, Nijmegen
Eindredactie: Bureau Springbok, Geert Renting, Dieren
Stramien: Jan Brand, Diemen
Concept: DuMont Reiseverlag, Ostfildern
Grafisch concept: Groschwitz/Blachnierek, Hamburg
Cartografie: DuMont Reisekartografie, Fürstenfeldbruck
© 2010 DuMont Reiseverlag, Ostfildern

© 2011 ANWB bv, Den Haag
Eerste druk
Gedrukt in Italië
ISBN 978-90-18-03233-3

Alle rechten voorbehouden
Deze uitgave werd met de meeste zorg samengesteld. De juistheid van de gegevens is mede afhankelijk van informatie die ons werd verstrekt door derden. Indien die informatie onjuistheden blijkt te bevatten, kan de ANWB daarvoor geen aansprakelijkheid aanvaarden.

Het grootste reisblad van Nederland

11 keer per jaar weer boordevol
- verrassende stedentrips
- avontuurlijke ontdekkingstochten
- boeiende reisreportages • exotische bestemmingen
- originele autoroutes • nuttige reistips

Ga voor het aanbod naar
www.reizenmagazine.nl
Of bel: 088-2692 222

Nationaal Park Schiermonnikoog